诵读古今文化　传承今古文明

主　　编	古雅明	郑超文	
主　　审	钟修仁		
副 主 编	梁　勇	卢树志	林柳波
编　　者	谢芳玲	刘炳辰	杨　华
	杨　霜	李金潮	徐　娟
资源支持	李　嵩	凌雪莹	
	杨　阳	曾远锋	

电子工业出版社

Publishing House of Electronics Industry

北京·BEIJING

内 容 简 介

本书以诵读、品鉴、自省、求索为结构，以社会主义核心价值观为线索，以古今中外名言警句、诗词曲赋、博文典故为内容，以契合中职学生特点的活动设计为载体，以大量图文视频为支撑，结合中职生的认知、学习特点进行编排设计，符合当下学习传统文化，树立正确人生观和价值观目标，以及思政教育要求，适合中职学生学习和阅读。

图书在版编目（CIP）数据

诵读古今文化 传承今古文明 / 古雅明，郑超文主编. —北京：电子工业出版社，2020.5
ISBN 978-7-121-38148-5

Ⅰ. ①诵... Ⅱ. ①古... ②郑... Ⅲ. ①中华文化—中等专业学校—教材 Ⅳ. ①G634.301

中国版本图书馆 CIP 数据核字（2019）第 273452 号

责任编辑：　祁玉芹
印　　刷：　中国电影出版社印刷厂
装　　订：　中国电影出版社印刷厂
出版发行：　电子工业出版社
　　　　　　北京市海淀区万寿路 173 信箱　邮编：100036
开　　本：　787×1092　　1/16　印张：17　字数：414 千字
版　　次：　2020 年 5 月第 1 版
印　　次：　2020 年 5 月第 1 次印刷
定　　价：　45.00 元

凡所购买电子工业出版社图书有缺损问题，请向购买书店调换。若书店售缺，请与本社发行部联系，联系及邮购电话：（010）88254888，88258888。

质量投诉请发邮件至 zlts@phei.com.cn，盗版侵权举报请发邮件至 dbqq@phei.com.cn。

本书咨询联系方式：qiyuqin@phei.com.cn。

前 言

PREFACE

人类发展的历史，就是一部文明进步的历史。以中华文明为代表的几千年世界历史，孕育了浩如烟海的经史子集，留下了灿若星辰的诗词曲赋。

这些古今中外诗文经典，历经岁月淘洗，其蕴含的品德修养、审美情趣、民族精神、爱国情怀丰富而厚重，广博且精深。诵读古今诗文经典，汲取中外文化营养，对于中职学生树立正确的世界观、人生观、价值观至关重要，对他们人格的养成、品行的锻造和精神的成长、情操的陶冶，都有着任何其他手段所无法替代的作用。为此，我们根据中职学生的身心特点编写了本书。

无论从历史责任感还是从时代的需要出发，继承与发扬人类传统文化都是中职教育的必然选择。"诵读经典诗文 传承人类文明"，对青少年加强社会主义核心价值观教育，是学校思想品德教育的一个重要任务。基于此，本书以社会主义核心价值观为线索，以诵读、品鉴、自省、求索为结构，以古今中外名言警句、诗词曲赋、博文典故为内容，以契合中职学生特点的活动设计为载体，以大量图文视频为支撑，结合中职学生的认知、学习特点进行编排设计，为学生的人生成长保驾护航。本书符合当下学习传统文化，树立正确人生观和价值观目标以及思政教育要求。

本书由广西交通技师学院古雅明、郑超文老师担任主编，钟修仁老师担任主审。第一篇名言警句篇由梁勇、谢芳玲、刘炳辰老师编写，第二篇诗词曲赋篇由卢树志、杨华、杨霜老师编写，第三篇典故博文篇由林柳波、李金潮、徐娟老师编写。本书配套音像资源内容由李嵩、凌雪莹、杨阳、曾远锋老师负责制作整理。

由于编者水平有限，书中内容选取及编排存在诸多不足之处，恳请广大读者提出宝贵意见及建议，以便我们修订和完善。

编 者

目 录
CONTENT

第 2 篇　诗词曲赋篇

第 1 章　国家层面：富强、民主、文明、和谐 ····················· 104

第 3 篇　典故博文篇

第 1 篇
名言警句篇

第1章

国家层面

1.1 富强：没有独立富强的国家，就没有个人的一切

1.1.1 吟诵

吟诵如下。

（1）没有工业，便没有巩固的国防，便没有人民的福利，便没有国家富强。

——毛泽东

（2）人类之所以能进步，国家之所以能富强，社会之所以能安定，根本就在于政治。

——郁达夫

（3）民智者，富强之源也。

——康有为

（4）欲讲富强以刷国耻，则莫要于储才。

——谭嗣同

（5）各出所学，各尽所知，使国家富强不受外侮，足以自立于地球之上。

——詹天佑

（6）研究科学之目的，固在探求真理，并非专重应用。但应用科学方法，利用厚生，至国家之富强之境，固亦不可忽视。

——竺可桢

（7）如果你决心称霸诸侯，国家就可以安定富强；如果你要安于现状，国家就不能安定富强。

——管仲

（8）我们必须坚信教育是国家富强繁荣的根本。

——陶行知

（9）人既尽其才，则百事俱举；百事举矣，则富强不足谋也。

——孙中山

（10）为了中华民族的繁荣富强，我要献出全部学识智慧。没有一个独立富强的国家，就没有个人的一切。

——钱伟长

1.1.2 品鉴

我们吟诵的这 10 条名言警句，实际上传递了两层意思，一是人民富足是一个国家存在的终极意义；二是国家强盛是人民生活的重要保障，一个民富而国强的中国，是经济富庶、文化昌盛、政治强大、军事强健的国家，这就是社会主义核心价值观中"富强"的含义。

改革开放以来，我国经济社会快速发展，综合国力显著增强，中国人民有了更好的教育、更稳定的工作、更满意的收入、更可靠的社会保障、更高水平的医疗卫生服务、更舒适的居住条件、更优美的环境。值得一提的是，青年一代充分享受到了国家富强带来的教育方面的福利，这一点在我们中职学生身上的体现尤为明显。

目前我国有以国家免学费、国家助学金为主，学校和社会资助及顶岗实习等为补充的学生资助政策体系。国家对中等职业学校全日制正式学籍 1～3 年级在校生中所有农村（含县镇）的学生、城市涉农专业的学生和家庭经济困难的学生、艺术类戏曲表演专业的学生免除学费（艺术类其他表演专业学生除外）；同时国家对全日制正式学籍 1～2 年级在校涉农专业学生和非涉农专业家庭经济困难学生实行助学金资助，资助标准为人均每年 1 000元。如果一个国家不够强盛，是无法做到这一点的。

"民智者，富强之源也"，国家富强不是空中楼阁，不是一句空话，它的实现需要无数人为之努力。为了富强，人们进行了各种探索。在不同的历史阶段，或以农业立国，追求温饱；或以工业强国，追求强盛；或以贸易富国，谋求海洋霸权；或以科教兴国，追求科技创造……虽然追求的内容不同，追求的层次不一样，达到的境界不一样，但是追求富强的动力始终如一。

作为中职学生的我们，要积极行动起来，更加刻苦努力地学习专业知识，练就专业技

能，提高能力素质，为实现国家富强而共同奋斗。只要我们从身边事做起，做好身边事，不断锤炼我们的能力，磨练我们的耐力，增强我们的体魄，做好本职工作，中国梦就不难实现，民族复兴指日可待。

1.1.3 自省

国家的富强体现在哪里？下面做一个调查，看看大家对国家富强是否有一个直观、具体的认识。

国家富强，我知多少？——国产汽车大调查。

1. 确定主题

（1）调查国产汽车制造业的发展历史。

（2）调查国产汽车品牌的种类。

（3）从调查结果来理解国家富强。

2. 活动方案

如表 1-1 所示。

表 1-1 活动方案

活动主题		
班级	组长	指导教师
小组成员分工		
序 号	任 务	成 员
1	熟知一些国产汽车车标（如图 1-1 所示）	
2	收集资料：中国汽车发展历史概况	
3	掌握调查方法 （1）实地调查法——校园停车场 （2）访问调查法——询问车主或任课教师 （3）网络资料收集法——浏览相关网站	
4	制作"校园国产汽车调查表"，并进行实地调查（参考表 1-2）	
5	根据活动主题得出调查结论	

自主品牌

图 1-1　国产汽车车标

表 1-2　校园国产汽车调查表

车牌号码	品　牌	车　型	颜　色	能源类型	手动/自动	备　注

3. 实施过程

（1）调查前：教师提示包括安全在内的注意事项。

（2）调查中：各组收集有关中国汽车发展历史概况的资料并在校园实地调查，登记当天校园停车场的国产车品牌，教师巡回指导。

（3）调查后：各组进行资料统计、分析，并派一名代表发表调查结论。

4. 评价总结

（1）组内互评，如表 1-3 所示。

表 1-3　评价总结

活动环节	评价内容				
	积极参与 10分	团队合作 10分	富有创新 10分	获得成果 10分	享受快乐 10分
主题确定					
活动过程					
成果展示					
反思交流					

（2）教师对学生的表现进行评价。

（3）教师围绕活动主题进行总结。

1.1.4　求索

1. 阅读资料

国家富强与工匠精神

我国的富强一是体现在经济上，从之前在国际上的排名连前十都不到，现在已经达到第二，目前已经逼近美国；二是体现在政治上，我国在国际上的话语权明显提高；三是体现在军事上，我国目前可以说是达到世界前三，仅次于美国和俄罗斯；四是体现在人民生活水平的显著提高上，之前一直困扰人民的温饱问题已经彻底解决，人民已经达到小康水平；五是体现在科学技术的飞速发展上，如在材料学、计算机、通信、制造业等方面，已经领先于世界水平。

但是不可否认，我国与其他发达国家仍然存在差距，如自主创新能力薄弱。美国、日本等发达国家在科技创新研究和开发投入比我国要高，并且我国的高速经济增长严重依赖资金的高投入、能源和资源的高消耗、环境和生态的损害以及廉价劳动力。

世界大公司纷纷在我国办厂，我国已被贬称为"世界工厂"。"宝马""奔驰"汽车在中国生产，但是整套技术、特别是核心技术并未让我们掌握。正如我国不得不将每部国产手机售价的20%、计算机售价的30%、数控机床售价的20%～40%拿出来向国外支付专利费一样。

我国制造业总产值已经占到了全球的的 1/5，已经成为名副其实的制造业大国。但却不是制造强国，如在品牌方面，世界品牌500强中美国有200个，而我国仅有20多个。

习近平总书记提出了"三个转变"，即推动中国制造向中国创造转变、中国速度向中国质量转变和中国产品向中国品牌转变。要实现这三个转变，就必须培养大批具备工匠精神的人才队伍。作为中职学生的我们，发挥工匠精神责无旁贷。

何为工匠精神？放到古代，则可用庖丁解牛故事中的高超技艺来诠释。而如今更多的是一种坚韧不拔的精神品质、精益求精的严谨态度、心无旁骛的专业专注，以及追求突破的卓越创新。

中职学生只有具备工匠精神，才能够实现突破创新，才能够掌握核心技术，才能为推动中国由制造业大国向世界制造业强国的跃进贡献自己的一份力量。

国家富强与工匠精神如图 1-2 所示。

"可上九天揽月"　　　　　　　　　　　　"可下五洋捉鳖"

图 1-2　国家富强与工匠精神

参考文献如下：

（1）　中国改革开放以来成就。

https://zhidao.baidu.com/question/814920536392671212.html

（2）　简要说明我国在创新领域与发达国家存在的差距与优势并举例。

https://zhidao.baidu.com/question/2119992539514584667.html

读了这篇文章，请思考如下问题：

（1）　国家富强与工匠精神有何关系？

（2）　作为职业院校的一名学生能为国家富强做些什么？

2. 观看视频

（1）　《百家讲坛》：社会主义核心价值观——富强。

本期节目邀请党史教研部的主任谢春涛教授来为大家讲"富强"，主要内容是为什么把富强放在社会主义核心价值观的第一位？富强是中国梦的前提和基础，是近代以来中华民族的夙愿。如何理解富强的含义？我们要改革开放，要大力发展社会生产力。传承中华优秀传统文化基因，寻根社会主义核心价值观。

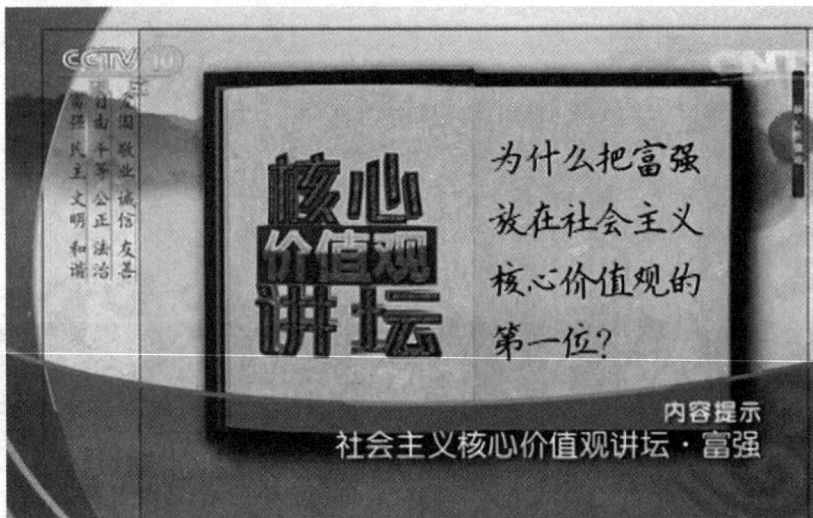

视频 1-1　《百家讲坛》：社会主义核心价值观——富强

（2）　纪录片《大国重器》。

《大国重器》是由中央电视台财经频道（CCTV-2）制作的高清纪录片，包括《大国重器》第一季和《大国重器》第二季。

《大国重器》以独特的视角记录了中国装备制造业创新发展的历史，该片将镜头对准了普通的产业工人和装备制造业企业转型升级创新中的关键人物，真实记录了他们的智慧、生活和梦想。通过人物故事和制造细节鲜活地讲述了充满中国智慧的机器制造故事，再现了中国装备制造业从无到有，赶超世界先进水平背后的艰辛历程，展望了中国装备制造业迈向高端制造的未来前景。

视频 1-2　纪录片《大国重器》

结合以上两个视频，请思考如下问题：

（1）　为什么把富强放在社会主义核心价值观的第一位？

（2）　国家富强与装备制造业有什么联系？

3. **音频欣赏**

（1）诗歌朗诵。

改革开放的春风

作者：忠 民

改革开放的春风
是祖国母亲温暖的手
拂去了贫穷的满面愁容
摇醒了愚昧缠身的噩梦
那久违了的笑靥呵
像枯木逢春的鲜艳花朵
纵情摇荡心中的喜悦……

改革开放的春风
是祖国母亲手中的绣花线
绣出了麦浪滚滚稻花飘香的富裕家园
绣出了崛起的城市时代的色彩涌动车水马龙的繁华
绣出了一条条宽敞的马路连着城乡一体化
绣出了56个民族的水手同划一艘和谐共进的时代之舟
绣出了神州处处火树银花不夜天……

改革开放的春风
是祖国母亲挥洒自如的画笔
她蘸着时代浓烈的芳墨
画风得风画雨得雨画个艳阳天
和煦的阳光暖暖地洒在我们心中
画劳动者滚烫的汗珠是晶莹的清露汇成江河海洋
载着13亿艘航船乘风破浪驶向幸福生活的彼岸……

（2）歌曲。

共圆中国梦

作词：李　勤
作曲：汤子星

五千年的黄河水
流淌着一个梦
河两岸上的五色土
长出了梦中景
一辈辈的薪火相传
不变的是笑容
听这滚滚春潮
举起澎湃的心声
国家富强民族振兴
人民幸福家家享太平
放飞希望你和我都能出彩
咱用劳动和汗水
共圆中国梦
一百年的路悠长
浩荡荡染雄风
勤劳勇敢的好儿女
耕耘着梦中情
千万里的山川秀美
歌飞大地长空
看这缤纷的时节
凝聚共同的心声
国家富强民族振兴
人民幸福家家享太平
放飞希望你和我都能出彩
咱用劳动和汗水
共圆中国梦

结合两段音频资料，请思考如下问题：
（1）我国怎样才能实现富强？
（2）实现中国梦与国家富强之间有什么联系？

1.2 民主：民主制度，天下之公理

1.2.1 吟诵

吟诵如下。

（1） 民主制度，天下之公理。

（释义：实行民主制度，才能实现公平公正。）

——梁启超

（2） 天下之权，惟民主是主。

（释义：天下各种权利，民主权利是最主要的。）

——何启

（3） 民为贵，社稷次之，君为轻。

（释义：百姓的地位是最重要的，国家的地位其次，君王的地位是最轻的。）

——孟子

（4） 君者，舟也；庶人，水也。水则载舟，水则覆舟。

（释义：君主好比是船，百姓好比是水。水能浮船，也能翻船，民心向背决定国家存亡。）

——荀子

（5） 民主使每个人成为自己的主宰。

——詹·拉·洛威尔

（6） 民主意味着形式上承认公民一律平等，承认大家都有决定国家制度和管理国家的平等权利。

——列宁

（7） 我对民主政治的见解是：在这种制度下，最弱者应该和最强者享有同样的机会。

——甘地

（8） 没有民主，就没有社会主义。

——考茨基

（9） 民主来自于人们认识到人类既然生而相似，便应生而平等。

——亚里士多德

（10） 民主就是人民管理国家或者说多数人管理国家。

——希尔斯曼

1.2.2　品鉴

中国古代有深远的民主思想传统，如孟子提出："民为贵，社稷次之，君为轻。是故得乎丘民而为天子，得乎天子为诸侯，得乎诸侯为大夫。"意思是百姓最重要，其次是社稷，君居末。所以得民心者可得天下称为"天子"，得到天子信任可以称为"诸侯"，得到诸侯赏识可以称为"大夫"。到了近代，梁启超之辈看见了国民的奴性，提倡学习西方的民主思想。但是中国古代、近代提出的民主思想都是以封建君主的存在为前提，没有真正让国民具有独立自主意识，让人民当家作主。

随后，受列宁、甘地等人的影响，毛泽东、邓小平等革命前辈付出了巨大的努力和贡献，让中国人民真正实现了当家作主。当前社会主义核心价值观中的民主包含三层意思，一是从所有权意义上说，民主意味着人民做主，即人民是国家的主人；二是从利益层面来说，民主指为民做主，要发展和维护人民的根本利益；三是从国家治理意义来说，民主是指人民自主，即人民治理国家的政治机制，人民享受的民主权利有知情权、言论权、参与权、监督权、选举权和被选举权。

或许同学们会认为知情权、言论权、参与权、监督权、选举权和被选举权等权利与国家大事有关，与我们无关。其实不然，我们的校园里处处有民主，时时体现着民主。

各级学校推行民主管理，尊重学生的知情、表达、参与和决策权。尤其在学生事务管理中要尽可能实行学生自治，包括选举班级和学生会干部，组建和开展社团活动等，以及各种助学金、奖学金和奖项的评比都由同学们选举产生。我们学校还举行了多种座谈会，让学生对教师教学、学校管理、饭堂质量、班主任工作等方面提出意见和建议。让学生参与学校的管理，感到自己是学校的主人。

各级学校的民主管理不仅可以让学校的管理更好地服务师生，而且也是对学生进行教育的过程。通过参与民主管理，学生可以增强民主意识与责任意识，提高通过民主方式解决问题的能力。

1.2.3　自省

今天，我们要召开一个"班级活动我做主"的主题班会，通过对民主的体验来加深对民主的自我认识。

1. 确定主题

（1）选出班级活动方案。
（2）选出下届班委的成员。
（3）提高对民主生活的自我认识。

2. 活动方案

如表 1-4 所示。

表1-4　活动方案

活动主题			
班级		组长	指导教师
小组成员分工			

序　号	任　务	成　员
1	组内选举两位候选人参加班委竞选	
2	协助候选人甲制作一份班级活动策划书，如烧烤、秋游、拓展、农庄活动等。班级活动的形式不限，但是要具有可行性和安全性	
3	协助候选人乙制作一份班级活动策划书，如烧烤、秋游、拓展、农庄活动等。班级活动的形式不限，但是要具有可行性和安全性	
4	思考从本次班会活动过程中，你对民主有了什么认识	

3. 实施过程

（1）每组选出两位候选人。

（2）每组协助两位候选人制作班级活动策划书。

（3）所有候选人当众解说班级活动策划书。

（4）全班讨论投票，得出最佳方案，作为本学期的一次班级活动。

（5）选出票数排名前5位的同学作为下届班委成员。

（6）给每位候选人送一份小礼物。

（7）讨论从本次班会活动过程中，你对民主有了什么认识？

4. 评价总结

（1）学生评价。

如表1-5所示。

表1-5　学生评价

活动环节	评价内容				
	积极参与 10分	团队合作 10分	富有创新 10分	获得成果 10分	享受快乐 10分
主题确定					
活动过程					
成果展示					
反思交流					

（2） 教师对学生的表现进行评价。

（3） 教师围绕活动主题进行总结。

1.2.4 求索

1. 阅读资料

武汉下月召开轨道交通票价听证会，市民可报名旁听

湖北日报讯（记者朱惠、通信员周钢）武汉市将于 12 月下旬召开听证会，对轨道交通线网票价调整方案进行论证。该市发改委相关负责人介绍，本次听证会参加人共 18 人，其中消费者 9 人，经营者 1 人，其他利益相关方 2 人，专家学者 1 人，人大代表 1 人，政协委员 1 人，政府相关部门 3 人。并邀请媒体及 3 位市民旁听，市民可自愿报名参与。据介绍，武汉市已开通运营轨道交通 10 条线路，总里程 288 公里，车站 199 座。目前已开工建设的项目有 6 个。按照武汉市总体部署，第一、二期建设规划将于今年按期完成，第三期建设正按计划推进，将于 2021 年底前全部建成，总长约 400 公里，形成主城联网、新城通线的轨道交通网络。随着轨道交通线网规模不断扩大，早期开通运营线路设备系统进入高修程阶段，经营成本和收入倒挂情况逐年加剧。武汉市地铁集团相关负责人介绍，武汉市现行起步公里票价在全国已开通轨道交通的 31 个城市中，处于较低水平。为缓解运输价格与运营成本倒挂的矛盾，保障轨道交通安全有序运营，武汉市地铁集团向市发改委提出了调价申请。

思考如下问题：

（1） 民主是从政治生活的角度讲的，与老百姓的实际生活关联不大，你同意这种说法吗？结合上文谈谈你的理解。

（2） 在如图 1-3 所示的不同场景中哪些符合民众的民主权利？

图1-3 不同场景

2. 观看视频

（1） 《百家讲坛》：社会主义核心价值观——民主。

本期节目主要内容为如何理解社会主义核心价值观中的民主？不管政府做什么事情，都要落实到老百姓生活的方方面面的改善中来。我们在民主建设上做了一些有意义的尝试和探索，并且已经取得了巨大的成功。我们还可以做得更好，进一步传承中华优秀传统文化基因，寻根社会主义核心价值观。

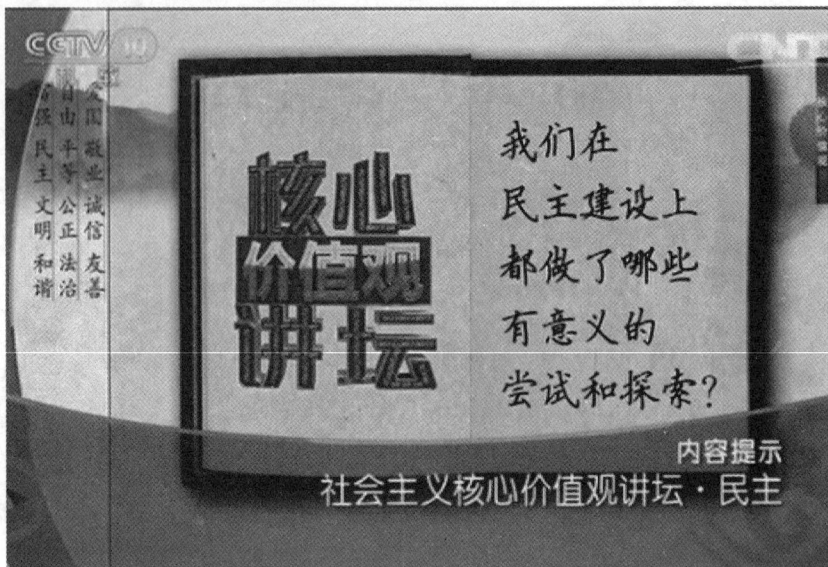

视频 1-3　《百家讲坛》：社会主义核心价值观——民主

（2）　《百年中国之探秘民主》

本视频主要讲述了新中国成立不久，中国人民第一次行使当家作主权利的情形。例如，老百姓第一次投票和第一次全国人民代表大会的举行等。

视频 1-4　《百年中国之探秘民主》

结合视频，请回答如下问题：

（1）　中国进入现代以来，有哪些能人志士为实现人民当家作主做出了努力和贡献？

（2）　举出人民行使民主权利的例子。

3. 音频欣赏

（1）朗读《初中语文助手》中的"最后一次演讲"。

众所周知，在爱国民主人士李公朴先生殉难的追悼会上，面对反动派的无理取闹，肆意捣乱，闻一多先生拍案而起，做了一次震撼全国的即席演讲。演讲结束后，闻一多先生也不幸惨遭国民党反动派的毒手，那一次演讲也就成了闻一多先生的最后一次演讲。虽然闻先生已经不在人世，但其浩然正气激励着无数爱国志士与后来者，使他们在争取和平民主的斗争中奋力拼搏，甚至献出了宝贵的生命。正是因为有许许多多像李公朴、闻一多先生一样的敢为正义而不惜牺牲生命的革命先烈前赴后继的奋斗，才取得了民主革命的胜利，才有了今天和平的新中国。

（2）歌曲。

团结就是力量

作词：牧　虹
作曲：卢　肃

团结就是力量
团结就是力量
这力量是铁
这力量是钢
比铁还硬
比钢还强
向着法西斯蒂开火
让一切不民主的制度死亡
向着太阳
向着自由
向着新中国
发出万丈光芒

结合以上音频资料，思考如下问题：

（1）旧中国的不民主主要体现在哪些地方？

（2）在中国，我们为什么要消灭不民主的制度？

1.3 文明：人无礼则不生，事无礼则不成，国无礼则不宁

1.3.1 吟诵

吟诵如下。

（1）人无礼而不生，事无礼则不成，国无礼则不宁。

（释义：做人没有礼节就不能生活，做事没有礼节就不能成功，治国没有礼节国家就不能安宁。）

——《荀子·修身篇》

（2）人有礼则安，无礼则危。

（释义：人有礼仪规范就会和谐，没有礼仪规范就会有危害。）

——《礼记》

（3）凡人之所以贵于禽兽者，以有礼也。

（释义：人之所以比动物高贵，是因为人有道德礼节。）

——《晏子春秋》

（4）礼义廉耻，国之四维。四维不张，国乃灭亡。

（释义：礼、义、廉、耻，是国家得以存在的基础，如果这四项根本的基础被动摇，那么国家将会不存在。）

——《管子》

（5）我们应该注意自己不用言语去伤害别的同志，但是当别人用语言来伤害自己的时候，也应该受得起。

——刘少奇

（6）亲善产生幸福，文明带来和谐。

——雨果

（7）礼仪是微妙的东西，它既是人们交际所不可或缺的，又是不可过于计较的。

——培根

（8）美德是精神上的一种宝藏，但是使它们生出光彩的则是良好的礼仪。

——约翰·洛克

（9）礼貌不花钱，却比什么都值钱。

——塞万提斯

（10）在人与人的交往中，礼仪越周到越保险。

——托·卡莱尔

1.3.2 品鉴

中国自古以来，有许多忧国忧民的政治家、思想家，不约而同地提出了文明对于一个国家发展、社会稳定、个人修养的重要性。在当今中国，在 24 个字的社会主义核心价值观中，文明被作为国家层面的价值目标提出。这一"文明"是宏观上的文明，其所指除了精神文明外，还包括了物质文明、政治文明、社会文明、生态文明，甚至涵盖公民个人行为中的文明表现。

文明是国家发展的灵魂，是国民的精神家园，是推动国家稳定发展的精神力量。文明能够让国民产生深刻的认同感，形成强大的国家凝聚力；能够让国民产生深刻的责任感，成为国家发展的精神动力；能够让国民孕育积极的社会心态，塑造和谐的社会关系，有效维护国家和社会的稳定。

提倡文明，对于一个学校的发展来说也尤为重要。校园因什么而文明？校园因你我的文明而文明。如果我们的校园没有与之相适应的精神状态、环境氛围和文明行为，就不会有校园的文明。文明校园既包含物质的校园，更包括精神的校园，精神的校园需要我们全体师生共同、长期的努力。

一个文明校园的创建，可以提高师生的公民道德、职业道德、文明修养和民主法制观念，提高校园文化生活质量，使校园文化内容健康、格调高雅、丰富多彩。并且提高校园文明程度，使校园秩序良好、环境优美，育人环境进一步改善。

学校在文明校园的创建活动中，必须坚持价值观引领，把培育和践行社会主义核心价值观贯穿于创建活动全过程；必须坚持贴近师生，使每一名师生都成为创建活动的实践者和受益者；必须坚持广泛参与，把创建活动延伸到班级、宿舍和每个师生员工，夯实校园文明根基。

校园的文明，需要同学们去维持去践行，时时刻刻做一个文明的人。文明的学生，一定是爱学习的人；文明的学生，一定是讲礼貌的人；文明的学生，一定是有着良好卫生习惯的人；文明的学生，一定是爱护公私财物的人；文明的学生，一定是遵守纪律的人；文明的学生，一定是一个有爱心和责任感的人。

"恰同学少年，风华正茂"，我们满怀憧憬，我们充满激情，我们追求成长。在这个过程中让我们亲近文明，表现文明，实践文明。做文明学生，创文明校园。

1.3.3 自省

创文明校园，需要我们亲近文明、表现文明、实践文明，我们是否做到？是否还有遗漏？下面我们就来做一个情境剧"我们的校园文明礼仪"展演，以展现你所知道的校园文明礼仪。

1. 确定主题

（1）亲近文明、表现文明、实践文明。

（2）展现校园文明礼仪。

（3）总结自己在校园文明礼仪方面的表现。

2. 活动方案

如表 1-6 所示。

表 1-6　活动方案

活动主题			
班级	组长		指导教师
小组成员分工			
序　号	任　　务		成　员
1	抽签（6 个情境任意抽取一个）		
2	展演模特		
3	具体情境设计（语言、动作、表情）		
4	配乐和道具		
5	服装和化妆（有需要时）		
6	每个人总结自己在校园文明礼仪方面的表现		
7	推选一位代表在全体同学面前总结自己在校园文明礼仪方面的表现		

3. 实施过程

（1）教师公布如下 6 个情境。

- 个人礼仪：仪表、礼貌用语，以及仪态举止，如站姿、坐姿、走姿。
- 课堂礼仪：上课、听讲、下课。
- 集会礼仪：升国旗、一般集会。
- 尊师礼仪。
- 同学间的礼仪。
- 校内公共场所礼仪：校园、图书室和阅览室、饭堂、宿舍。

（2）各组代表抽签。

（3）　各组准备，教师巡回指导。

（4）　各组展演。

（5）　各组派代表总结在校园文明礼仪方面的表现。

4. 评价总结

（1）　学生评价。

如表 1-7 所示。

表 1-7　学生评价

活动环节	评价内容				
	积极参与 10分	团队合作 10分	富有创新 10分	获得成果 10分	享受快乐 10分
主题确定					
活动过程					
成果展示					
反思交流					

（2）　教师对学生的表现进行评价。

（3）　教师围绕活动主题进行总结。

1.3.4　求索

1. 阅读资料

令人骄傲的中国古代文明

中国是世界文明的发源地之一，有着五千年的文明史。中国古代文明包括物质文明和精神文明等方面，特别是科学文化方面长期处于世界领先地位。人类今天所拥有的很多哲学、科学、文学、艺术等方面的知识和成果，都可以追溯到古老中华文明的贡献。

古老中华文明成就数不胜数，最为众人所熟悉的是如图 1-4 所示的中国古代的四大发明。四大发明为人类在文化、经济、军事等领域的发展提供了重要条件，为世界文明的进步做出了重大贡献，也是我国成为文明古国的重要标志。

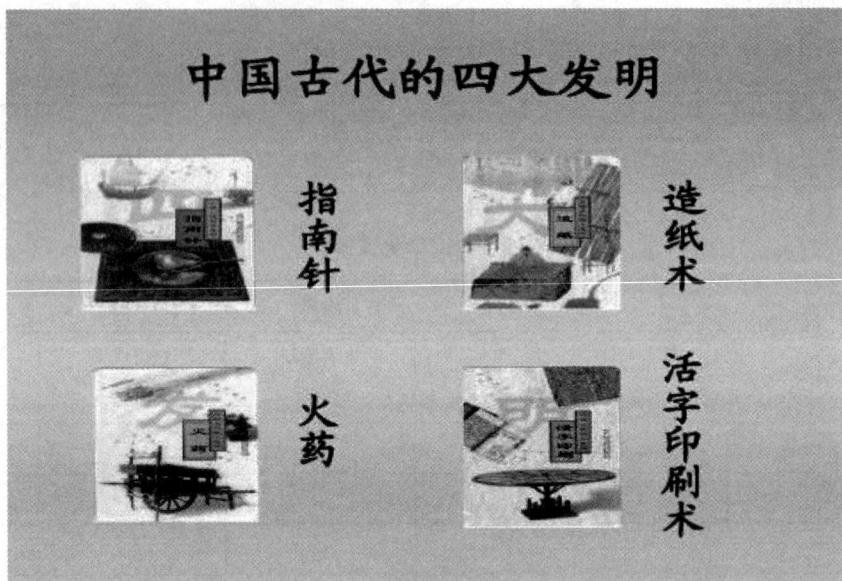

图 1-4　中国古代的四大发明

　　指南针及磁偏角理论在远洋航行中发挥了巨大的作用，使人们获得了全天候航行的能力，人类第 1 次得到了在茫茫大海中航行的自由。从此开辟了许多新的航线，缩短了航程，加速了航运的发展，促进了各国人民之间的文化交流与贸易往来。

　　火药的发明标志着人类由"冷兵器"时代进入"热兵器"时代，是科技的巨大进步，也促进了军事武器的进步。火药在欧洲资产阶级反对封建主义的过程中发挥了不可磨灭的作用。

　　活字印刷术和造纸术两者同时促进了知识的传承与传播，促进了人类的文化交流和人类知识的掌握与提升。活字印刷术还为欧洲传教士传教带来巨大帮助，促进了欧洲文艺复兴的发展，帮助了资产阶级在意识形态上战胜封建主义。

　　从公元前 3 世纪到公元 15 世纪，中国的科技发明使西方望尘莫及。西方拥有的 100 项重大发明，有的要比中国晚几百年，甚至上千年。美国学者罗伯特·坦普尔在著名的《中国，发明的国度》一书中写道："如果诺贝尔奖在中国的古代已经设立，各项奖金的得主，就会毫无争议地全都属于中国人。"

　　中华文明，虽非最古老的，却是最长命的，是上古时代人类仅存的文明硕果。

　　遗憾的是，在四大文明古国中，古埃及、古巴比伦、古印度由于外族的入侵而被中断了古代文明，而中国是世界上唯一文明传统未曾中断的古国。

中国"新四大发明"给全世界带来什么启示？（节选）

新华社记者陈芳、余晓洁、鹿永建

你最想把中国的什么带回国？

在"一带一路"国际合作高峰论坛举行期间，一项针对20国青年的调查显示，高铁、网购、支付宝、共享单车成为这些在华外国人心目中的中国"新四大发明"，如图1-5所示。

图1-5 中国"新四大发明"

"新四大发明"不仅改变了中国，而且深刻影响着地球村时尚，吸引着五大洲的目光。古老中国创造的指南针、造纸术、火药、活字印刷术四大发明曾经改写世界历史，如今的"新四大发明"正改变着中国人的生活，也为解决人类问题贡献了中国智慧、提供了中国方案。

"新四大发明"中的高铁与网购并非始于中国，但中国人用自己的智慧与创造，矗立起"新发明"的世界高峰，并将其打造成闪亮的"中国名片"。

中国高铁——通车里程全球第一并走向世界。

高铁技术起源于日欧，如今中国却一马当先。穿越塞北风区，翻过岭南山川，从重要城市之间的单线，到"八纵八横"蓝图徐徐展开。进入21世纪的第二个10年，轨道交通

开始由中国高铁领跑。高铁不仅成为很多人出行的首选，也有力地促进了经济社会发展。

从追赶到引领，从中国制造到中国标准，中国高铁走过了高效而辉煌的引进、消化、吸收、再创新之路。

"中国标准动车组'复兴号'在研制过程中大量采用中国国家标准，在254项重要标准中，中国标准占84%。"中国铁路总公司总经理陆东福说。

截至去年底，中国累计投入运行的高铁动车组达到2 595组，超过全球总量的60%，通车高铁里程长达2万多公里。预计到2030年将超过4.5万千米，比绕地球赤道一周还要长。

从安卡拉到伊斯坦布尔，从莫斯科到喀山，从匈牙利到塞尔维亚……本土之外，中国高铁加速走向世界。

网购——"动动指尖"，商店饭店搬回家。

1969年，美国启用了国防部建设的军用"阿帕网"。25年后，一条64 Kb/s的国际专线从中科院计算机网络中心接入Internet，中国互联网蹒跚起步。

一根网线改变了中国，随着移动互联时代的到来，如今中国成为世界第1大网络零售市场，网民超过7亿。

"6.18""双11"、春节、五一、国庆……国民网上购物的狂欢日越来越多。数据显示，2019年"6.18"开始仅7分钟，天猫国际成交破亿元；京东商城15个小时累计下单金额超千亿元。

中国网购为世界经济输出"互联网商机"，从中国本土到越南、泰国等亚洲邻国，到远在地球另一端的阿根廷、巴西……"剁手党"全球网购嗨翻天。

支付宝——二维码取代卖菜大妈的零钱筐。

鲜有人想过有一天中国人可以玩一种"魔法"，即跨越物物交换，取代各种货币，轻松"扫一扫"交易即完成。

"魔法"无边，支付宝的应用迅速扩散开来。截至2017年7月31日，移动支付活跃账户和日均支付交易笔数均超过6亿。

腾讯和中国人民大学发布的智慧生活指数报告显示，84%的被访者表示"不带钱、只带手机出门"可以"很淡定"。今年8月的支付宝无现金日，有1 000万线下商户参与。

共享单车——绿色出行"说走就走"。

2017年6月，摩拜完成6亿美元新一轮融资；7月初，ofo也宣布完成7亿美元新一轮融资。短短两年时间，多彩的共享单车迅速占领了中国的大街小巷。目前摩拜单车在全球运营超过500万辆，日订单量最高超过2 500万辆，注册用户超过1亿。

自行车生产企业一度是被边缘化的传统行业，却随着中国共享单车的出海，一跃成为朝阳产业。今年ofo与凤凰合作的海外共享单车产能将达到100万辆。

席卷中国大江南北之后，共享单车的身影出现在了"英国单车之都"剑桥。街头看到一片片共享单车，那是从中国飘来的橘红色云彩。

中国"新四大发明"正在呈现出中国创新走向世界的"百景图"。

"印度版支付宝""泰国版阿里巴巴""菲律宾版微信""印尼版滴滴"……在"一带一路"沿线国家，许多在中国热门的移动应用实现本土化，让当地民众体会到了"互联网+"的方便与实用。

中国发明，世界受益。支付宝已覆盖 70 多个国家和地区的数十万商家，微信也已在 19 个国家和地区落地。

从基础建设到消费方式，从商业理念到经济业态，"新四大发明"折射出"中国式"创新的澎湃动能。中国在变，世界眼中的中国形象也在变。

应该认识到，与发达国家相比，中国的总体技术水平与创新实力仍有较大差距。但中国在快速跨越，并在一些重要领域实现超越。未来，会有越来越多的"新四大发明"涌现。

阅读以上两篇文章后，请思考如下问题：

（1）中国古代和现代有哪些文明成就？

（2）两篇文章列举的文明属于哪种文明类型？

2. 观看视频

（1）《百家讲坛》：社会主义核心价值观——文明。

本期由北京交通大学人文社会科学学院院长韩振峰为大家解读文明，主要内容为文明是社会主义核心价值观的一个重要的范畴，和富强、民主、和谐一道构成了社会主义核心价值观国家层面的价值追求和美好愿景。建设社会主义精神文明的最终目标是什么？就是建设社会主义文化强国。如何才能建设一个文明的社会？社会的文明离不开我们每一个人言行举止的文明。

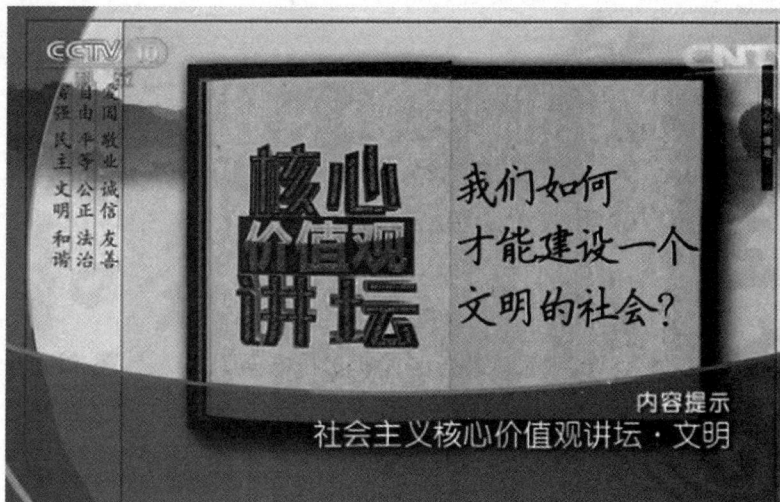

视频 1-5 《百家讲坛》：社会主义核心价值观——文明

（2）纪录片《中华文明》。

大型历史纪录片《中华文明》共 10 集，每集 46 分钟，各集分别体现每个时代不同的人文主题。全部画面素材采用 35 毫米电影胶片拍摄，按照时间的纵向顺序，起始于五千年前的新石器时代，结束在鸦片战争之前。以考古依据、遗址和文物为有力佐证，真实清晰地展示中华民族文明演进的伟大历程，映射出炎黄子孙自强不息与厚德载物的民族精神。

视频1-6　纪录片《中华文明》

结合视频，请思考如下问题：

（1）　我们如何才能建设一个文明的社会？

（2）　我们如何才能把中华文明延续下去？

3. 音频欣赏

（1）　歌曲1

华夏文明之歌

作词：顾　钢

作曲：程　源

从炎黄开祖，到秦统金瓯，

从贞观盛世，到共和志酬，

从浴血抗战，到人民赢得自由，

五千年的青史啊，彪炳环球五大洲。

从四大发明，到长城的不朽，

从唐诗宋词，到三国水浒红楼，

从郑和下西洋，到宇航的成就，

瑰丽的中华文明，源远流长深悠悠。

吴越的丝绸，曾倾倒大半个地球，

藏胞的哈达，白雪般虔诚的诉求，

壮瑶的铜鼓，迥响着千年的故事，

苗彝的歌舞，和奏着悠扬的笙篌。

维吾尔的好客，总伴着红葡萄酒，
蒙古包的烤羊，象征了草原牧游，
回民的古兰经，在清真寺中吟诵，
多彩的民族文化，在神州大地汇流。
啊，我们伟大的中华神州，山河壮美，
历史悠久，文化灿烂，民族优秀，
华夏文明传遍环宇全球，万代千秋。

（2）歌曲2

八荣八耻歌

作曲：邹铁夫

以热爱祖国为荣，以危害祖国为耻。
以服务人民为荣，以背离人民为耻。
以崇尚科学为荣，以愚昧无知为耻。
以辛勤劳动为荣，以好逸恶劳为耻。
以团结互助为荣，以损人利己为耻。
以诚实守信为荣，以见利忘义为耻。
以遵纪守法为荣，以违法乱纪为耻。
以艰苦奋斗为荣，以骄奢淫逸为耻。

结合两首歌的歌词和图1-6、图1-7所示的漫画，请思考如下问题：
（1）举例说明国家文明还包括哪些内容？
（2）想想身边的文明行为，我们能为国家文明做些什么？

图 1-6　漫画 1

图 1-7　漫画 2

1.4 和谐：对和谐之美的追求是人类的本能

1.4.1 吟诵

吟诵如下。

（1）亲仁善邻，国之宝也。

（释义：亲近仁义，善待邻邦，是一个国家的国宝。）

——《左传·隐公六年》

（2）君子和而不同，小人同而不和。

（释义：君子可以与他周围保持和谐融洽的氛围，但他对待任何事情都应有自己的独立见解，而不是人云亦云，盲目附和；小人则没有自己独立的见解，虽然常和他人保持一致，但实际并不讲求真正的和谐贯通。）

——孔子

（3）礼之用，和为贵。

（大意：礼的作用以和为最高境界。）

——《论语·学而》

（4）读书起家之本，循理保家之本，和顺兴家之本。

（释义：读诗书是创业的根本，维护家庭的根本是守礼，把家庭和家族的关系管理融洽的根本是和顺。）

——朱熹

（5）美的真谛应该是和谐，这种和谐体现在人身上，就造就了人的美；表现在物上，就造就了物的美；融汇在环境中，就造就了环境的美。

——冰心

（6）世间最平和的快乐就是静观天地与人世，慢慢地品味出它的和谐。

——三毛

（7）对和谐之美的追求是人类的本能。

——马克思

（8）家庭和睦是人生最快乐的事。

——歌德

（9）青春似一日之晨，它冰清玉洁，充满着遐想与和谐。

——夏多布里昂

（10）看不见的和谐比看得见的和谐更美。

——赫拉克利特

1.4.2 品鉴

家庭和谐如图 1-8 所示。

图 1-8　家庭和谐

和谐是中华民族自古以来追求的一种社会理想，指人与自然、人与人、人与社会那种特别协调，恰到好处的状态，包含了人、自然、社会和国家四个基本要素。社会主义核心价值观中的"和谐"主要强调的是国家的和谐，即国家文明祥和、繁荣稳定。

邻里和谐如图 1-9 所示。

图 1-9　邻里和谐

人与自然的和谐如图 1-10 所示。

图 1-10　人与自然的和谐

和谐国家的构建需要人人参与，它涵盖的内容是多方面的。在人与自我的关系上，它强调是人心灵的和谐自由；在人与人的关系上，它要求的是和睦共处；在人与社会的关系上，它崇尚的是合群聚众；在人与自然的关系上，它强调的是天人调和、天人合一；在不同文明的关系上面，它强调的的是开放包容、和而不同。所以说，国家文明祥和、繁荣稳定，体现在自然的和谐、集体的和谐、朋友的和谐、家庭的和谐、社会的和谐。

当前职业院校在促进国家和谐中，正在发挥着越来越重要的作用。首先，大力发展职业教育，能够持续开发人力资源，提高劳动者的整体素质。并且通过技术进步拉长产业链条，增加生产过程和产品的科技含量，提高物质资源的利用效率。减少对自然资源的过度依赖，降低环境污染，为建设和谐中国、生态中国服务。

其次，职业院校的发展有利于扩大社会就业，实现社会各阶层之间的和谐。就业是民生之本和安国之策，目前农民和城镇低收入家庭处于收入分配的最底层。促进他们的就业和增收，实现"使无业者有业、使有业者乐业"，能够增进社会各阶层之间的和谐。以我校为例，绝大多数的学生来自农村或城镇低收入家庭，经过职业技能训练，毕业生连续 3 年就业率达到 90%以上，从而在城乡贫困群体中产生了"一人就业，全家脱贫"的带动效应。

职业院校通过人文关怀、技能课程教学、思想道德和法纪教育，与学生建立起心灵沟通的渠道。矫正他们的不良行为习惯，帮助他们发现自己的长处，树立成人、成才的信心，增强其社会责任感。使广大学生能够通过技能训练而顺利就业，减少了社会的不稳定因素，促进了人与人之间的和谐。

我们职业院校的学生同样也可以为国家和谐做出自己的贡献，如作为子女自觉地尊敬父母，深刻体会父母生儿育女的不易，重视父母真实而宝贵的人生经验。当与父母意见不一致的时候，我们要学会冷静和换位思考。尽力站在父母的角度理解父母，并通过谈心、讨论等方式解决分歧和冲突。这样不仅可避免因冲突而产生的不愉快，而且还可以博得父母的信任而尊重你的意见，从而产生亲密、和谐、轻松、融洽的家庭气氛。家庭是社会的细胞，只有家庭和谐了，社会才会和谐，才能实现文明祥和、繁荣稳定的国家和谐的目标。

1.4.3 自省

在人与人的关系上，和谐要求的是和睦共处。我们做到了和别人和睦共处了吗？请做一个人际关系自评，看一看自己的人际关系方面的表现能得几分。

1. 确定主题
（1）考查自己能否与他人和谐相处。
（2）明确和谐的人际关系对于个人的发展来说非常重要。
（3）认识到同学关系和谐与校园和谐、国家和谐之间的联系。

2. 活动方案
如表 1-8 所示。

表 1-8　活动方案

活动主题		
班级	组长	指导教师
小组成员分工		

序　号	任　务	成　员
1	每个成员回答人际关系的 16 个问题	
2	每个成员计算个人得分	
3	每个成员根据自评结果进行反思	
4	选出一位得分较高的同学分享自己的经验	
5	思考和谐的人际关系对于个人的发展有何意义	
6	思考同学关系和谐与校园和谐、国家和谐之间有什么联系	

3. 实施过程

（1）教师分发人际关系的 16 个问题。

（2）各组组员回答人际关系问题并计算得分。

（3）得分较高的同学向全班同学介绍自己的经验。

（4）每组派一个代表问答问题"和谐的人际关系对于个人的发展有何意义？"

（5）每组派一个代表问答问题"同学关系和谐与校园和谐、国家和谐之间有什么联系？"

4. 评价总结

（1）学生评价。

如表 1-9 所示。

表 1-9　学生评价

活动环节	评价内容				
	积极参与 10 分	团队合作 10 分	富有创新 10 分	获得成果 10 分	享受快乐 10 分
主题确定					
活动过程					
成果展示					
反思交流					

（2） 教师对学生的表现进行评价。

（3） 教师围绕活动主题进行总结。

请你仔细阅读下列 16 个问题，按照自己的真实情况选择选项。

（1） 在人际关系中，我相信（　　　）

　　A. 大多数人是友善的，可与之为友的。

　　B. 人群中有一半是狡诈的，一半是善良的，我将选择善良者而交友。

　　C. 大多数人是狡诈虚伪的，不可与之为友。

（2） 最近我交了几个朋友，这是（　　　）

　　A. 因为我需要他们。

　　B. 因为他们喜欢我。

　　C. 因为我跟他们在一起很有意思。

（3） 外出旅行时，我总是（　　　）

　　A. 很容易交上新朋友。

　　B. 喜欢一个人独处。

　　C. 想交朋友，又感到很困难。

（4） 我已经约定要去看望一位朋友，但因为太累而失约了，我感到（　　　）

　　A. 无所谓，对方肯定会谅解我。

　　B. 有些不安，但又总是在自我安慰。

　　C. 很想了解对方是否对自己有不满意的情绪。

（5） 我结交朋友的时间通常是（　　　）

　　A. 很多年。

　　B. 合得来的朋友能长久相处。

　　C. 时间不长，经常更换。

（6） 朋友告诉我极有趣的个人隐私，我（　　　）

　　A. 尽量为其保密，不对任何人讲。

　　B. 根本没有考虑过要告诉别人。

　　C. 当朋友刚一离开，随即与他人议论。

（7） 当我遇到困难时，我（　　　）

　　A. 通常是靠朋友解决的。

　　B. 找自己可信赖的朋友商量办。

　　C. 不到万不得已时绝不求人。

（8） 当朋友遇到困难时，我觉得（　　　）

　　A. 他们大多喜欢来找我帮忙。

　　B. 只有那些与我关系密切的朋友才找我商量。

　　C. 一般都不愿意来麻烦我。

（9） 我交朋友的一般途径是（　　　）

　　A. 经过熟人介绍。

　　B. 在各种社交场所。

C. 必须经过相当长的时间，并且相当困难。

（10）我认为选择朋友最重要的是（　　）

A. 对方具有能吸引我的才华。

B. 对方可以信赖。

C. 对方对我感兴趣。

（11）我给人们的印象是（　　）

A. 经常会引人发笑。

B. 让人琢磨不透。

C. 和我相处时别人会感到舒服。

（12）在晚会上，如果有人提议让我表演节目，我会（　　）

A. 婉言谢绝。

B. 欣然接受。

C. 直截了当地拒绝。

（13）对于朋友的优缺点，我喜欢（　　）

A. 诚心诚意地当面赞扬他们的优点。

B. 诚实地提出批评意见。

C. 既不奉承，也不批评。

（14）我所结交的朋友（　　）

A. 只是那些与我的利益密切相关的人。

B. 通常能和任何人相处。

C. 只与同自己合得来的人和睦相处。

（15）如果朋友们和我开玩笑（恶作剧），我总是（　　）

A. 和大家一起笑。

B. 很生气并有所表示。

C. 有时高兴，有时生气，依当时的情况而定。

（16）当别人依赖我的时候，我是这样想的（　　）

A. 我不在乎，但我自己却不喜欢依赖朋友。

B. 这很好，我喜欢别人依赖于我。

C. 我很反感别人对我的依赖。

计分标准如下。

（1）A. 3 分；B. 2 分；C. 1 分。

（2）A. 1 分；B. 2 分；C. 3 分。

（3）A. 3 分；B. 2 分；C. 1 分。

（4）A. 1 分；B. 3 分；C. 2 分。

（5）A. 3 分；B. 2 分；C. 1 分。

（6）A. 2 分；B. 3 分；C. 1 分。

（7）A. 1 分；B. 2 分；C. 3 分。

（8）A. 3 分；B. 2 分；C. 1 分。

（9） A. 2分；B. 3分；C. 1分。

（10） A. 3分；B. 2分；C. 1分。

（11） A. 2分；B. 1分；C. 3分。

（12） A. 2分；B. 3分；C. 1分。

（13） A. 3分；B. 1分；C. 2分。

（14） A. 1分；B. 3分；C. 2分。

（15） A. 3分；B. 1分；C. 2分。

（16） A. 2分；B. 3分；C. 1分。

结果分析如下：

（1） 总分在 38～48 之间，说明你的人际关系很融洽，在广泛的交往中很受众人喜欢。

（2） 总分在 28～37 之间，说明你的人际关系并不稳定，有相当数量的人不喜欢你。如果你想受人爱戴，必须做很大努力。

（3） 总分在 16～27 之间，说明你的人际关系不融洽，你的交往圈子确实太小，很有必要扩大交往范围。

1.4.4 求索

1. 阅读资料

绿水青山就是金山银山

2005 年 8 月，时任浙江省委书记的习近平同志在浙江湖州安吉考察时，提出了"绿水青山就是金山银山"的科学论断。

规划先行，是既要金山银山，又要绿水青山的前提，也是让绿水青山变成金山银山的顶层设计。浙江各地特别重视区域规划问题，强化主体功能定位，优化国土空间开发格局，把它作为实践"绿水青山就是金山银山"的战略谋划与前提条件。从 2005 年到 2015 年，科学论断提出 10 年来，浙江干部群众把美丽浙江作为可持续发展的最大本钱，护美绿水青山、做大金山银山。不断丰富发展经济和保护生态之间的辩证关系，在实践中将"绿水青山就是金山银山"化为生动的现实，成为千万群众的自觉行动。

2017 年 10 月 18 日，习近平同志在十九大报告中指出，坚持人与自然和谐共生必须树立和践行绿水青山就是金山银山的理念，坚持节约资源和保护环境的基本国策。

来源：https://baike.baidu.com/item/

云南大理：谱写洱海保护治理新篇章（节选）

《光明日报》2019 年 1 月 25 日 13 版

"我是党小组长，是村里第 1 个在三线划定中带头拆除靠近洱海商铺的。保护洱海是大家的事，我们支持。"2019 年 1 月 16 日上午，沐浴着冬日暖阳，在大理洱海之滨古生村，白族妇女李延芬带着调研组察看了她家刚拆除不久的商铺旧址。在湖边，她指着阳光下银光闪闪的洱海说："你看，水很清吧！"

站在岸边远眺，静卧在苍山脚下的洱海，在阳光的映照下，万顷碧波。湖光山色，风情万种。微风吹过，波澜不惊的湖面，氤氲缭绕似仙境。鸥鸟戏水舞蹁跹，一派"笙歌缭绕轻烟里，疑是蓬莱梦中行"的人间美景，如图 1-11 所示。

图 1-11　洱海湖畔风景如画

洱海古称"叶榆泽"，位于大理白族自治州大理市境内，是云南省第 2 大高原湖泊。湖泊面积 252.91 平方公里，流域面积 2 565 平方公里，蓄水量 27.94 亿立方米。大小入湖河流 117 条，全长 23 千米。

然而随着经济社会的快速发展，洱海这个被大理人民引以为豪的"母亲湖"，从上世纪八九十年代开始，不断出现"生产生活对湖体过渡侵蚀""流域污染日益加重""污染负荷不断增加""蓝藻大面积暴发和聚集"等问题，洱海的美丽被蒙上了一层阴影。

进入本世纪以后，大理州、市历届党委、政府一直在采取多种措施进行保护治理。然而由于保护治理的复杂性和艰巨性超出想象，所以洱海保护治理始终难如人愿，形势仍然严峻。

2015 年 1 月 20 日，习近平总书记亲临大理洱海视察。总书记对洱海的未来留下了美

好期许，殷殷嘱托重如千钧。大理的干部群众牢记嘱托，探索出了依法治湖、科学治湖、工程治湖、全民治湖和网格化管理的"四治一网"治理之路，启动洱海保护治理"七大行动""三线"划定生态搬迁等一系列攻坚战和持久战。经过近4年的保护治理，生态环境部公告显示2018年洱海水质为优，创纪录地有7个月达到Ⅱ类水质，大理市水污染防治工作受到国务院通报表扬。

作者：光明日报调研组成员任维东、杨文广、何显耀

阅读文章后，回答如下问题：

（1）　绿树青山就是金山银山"是如何体现和谐这个理念的？

（2）　以上文章体现了哪些方面的和谐？

2. 观看视频

（1）　《百家讲坛》：社会主义核心价值观——和谐。

本期节目由中国人民大学的秦宣教授就如何把握和谐的全部内涵、为什么把和谐作为社会主义核心价值的重要内容、如何培育和践行社会主义核心价值观这几个问题来解读这个话题。

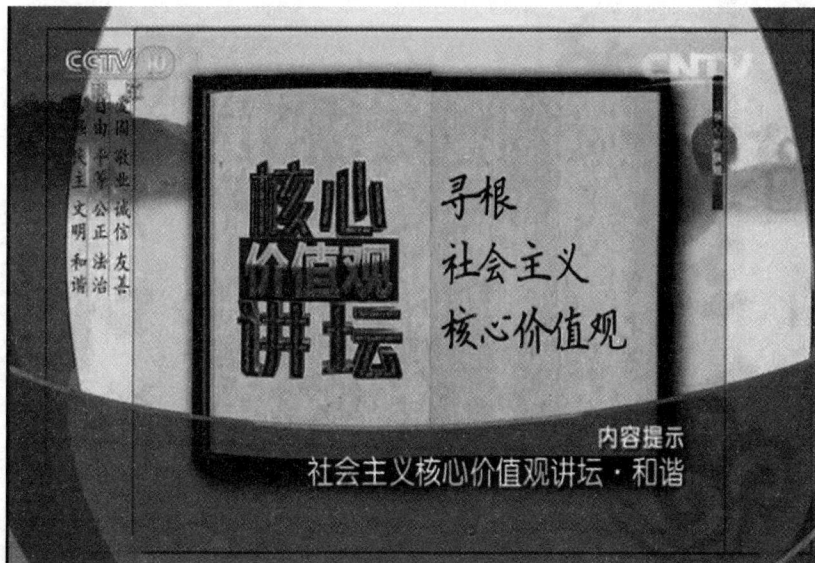

视频1-7　《百家讲坛》：社会主义核心价值观——和谐

（2）　《我们的价值观》：社会主义核心价值观之和谐。

该视频主要用人们所熟悉的动画角色——大头儿子和小头爸爸通过一个故事情节来告诉大家什么是家庭和谐、邻里和谐，也简单介绍了家庭和谐、邻里和谐对于社会和谐的意义。

视频 1-8　《我们的价值观》：社会主义核心价值观之和谐

结合视频内容，回答如下问题：

（1）　和谐对于社会有什么重要意义？

（2）　说说你身边不和谐的例子。

3. 音频欣赏

（1）　歌曲 1

和谐大家庭

作词：方　正

作曲：印　青

和熙的春风播撒春天的花种，
和睦的相处露出和悦的笑容。
人和心舒畅，家和万事兴，
世间和为贵，和谐万象新。
啊…啊…啦啦啦啦共同建设，
啊…啊…啦啦啦啦共同繁荣。
啊…啊…啊啊科学发展的中国，
需要你，需要我，
共建和谐的大家庭。
和熙的阳光洒遍春天的喜讯，
和美的日子荡漾幸福的歌声。

人和心舒畅，家和万事兴，
世间和为贵，和谐万象新。
啊…啊…啦啦啦啦和衷共济，
啊…啊…啦啦啦啦和乐同心。
啊…啊…啊啊科学发展的中国，
召唤你，召唤我，
共建和谐的大家庭。

（2） 歌曲2

和谐祖国，美好家园

作词：易新男
作曲：蒋大为

桃花映红塞北江南
杨柳拂绿边陲中原
燕子衔来吉祥如意
犁花更暖荷塘江川
好一个春来早
好一场春风暖
好一派春潮涌
好一幅春盎然
歌唱祖国歌唱春天
啊希望播种在播种在心田
啊…
和谐祖国是美好的家园
金色春梦寄托明天
春光明媚撒满人间
多情春雨滋润家园
浩荡春风鼓起风帆
又见那艳阳天
又遇那好华年
又逢那新世纪
又开那时代篇
歌唱祖国歌唱春天
啊希望播种在播种在心田
啊…

和谐祖国是美好的家园

啊…

和谐祖国是美好的家园

结合歌词思考如下问题：

（1）　和谐祖国应该是一个什么样的情形？

（2）　我能为祖国的和谐做些什么？

第2章

社 会 层 面

2.1 自由：纪律是自由的第一条件

2.1.1 吟诵

吟诵如下。

（1）纪律是自由的第一条件。

——黑格尔

（2）个人的自由必须有所限度，不得因为自己的自由而妨碍他人。

——穆勒

（3）自由不是无限制的自由，自由是在法律许可的范围内任意行事的权利。

——孟德斯鸠

（4）秩序，只有秩序才能产生自由。

——法国民谚

（5）自由不在于幻想中摆脱自然规律而独立，而在于认识这些规律，从而能够有计划地使自然规律为一定的目的服务。

——恩格斯

（6）自由不仅为滥用权利而失去，也为滥用自由而失去。

——麦奇生

（7） 为了享有自由，我们必须控制自己。

——任尔夫

（8） 自由只存在于束缚之中，没有堤岸，哪来江河？

——金斯伯格

（9） 如果能追随理想而生活，本着正直自由的精神，勇往直前的毅力，诚实而不自欺的思想而行，则定能臻于至善至美的境地。

——居里夫人

（10） 对于一个艺术家来说，如果能够打破常规，完全自由进行创作，其成绩往往会是惊人的。

——卓别林

2.1.2 品鉴

通过吟诵的这 10 条名言警句，我们可以明白一点，即自由并不是放纵。正如黑格尔所说"纪律是自由的第一条件"，我们所提倡的自由是做法律所许可的一切事情的权利，这就是社会主义核心价值观中"自由"的含义。

曾经有一所学校在学生的强烈要求下，让学生体验一个月"完全自由"的生活。没有作业，没有监督，没有管教，让学生随心所欲，想做什么就做什么。于是有夜不归宿行踪不定的，有打架斗殴住进医院的，也有违法乱纪而被拘留的……这个月的自由体验，让许多人认识到自由的关键在于适度。自由与放肆的分别，在于一个是有拘束守范围的，一个是不受拘束不守范围的。只有适度的自由，才能让人们真正拥有，才能显现它存在的真正意义。

此外，在这个强调创新的时代里，思想自由有着更重要的意义。正如喜剧大师卓别林说的那样："对于一个艺术家来说，如果能够打破常规，完全自由进行创作，其成绩往往会是惊人的。"只有思想上的自由才能给人以打破常规的勇气和力量。

作为中职学生应当主动顺应新时代对人才的要求，积极解放思想。在练好自己专业技能的同时，应该积极地打破专业限制，涉足其他领域的学习，扩大自己的知识储备，提升自己的职业能力。正如学者居里夫人所说，如果能追随理想而生活，本着正直自由的精神，勇往直前的毅力，诚实而不自欺的思想而行，则定能臻于至善至美的境地。我们读书学习首先是为了掌握一门技术以在社会上立足，并尽到自己的社会义务；其次是通过学习增进全方面的素质，提升自己的境界，使自己的心灵和志向脱离一般世俗的枷锁。在学习领域有自己独到的见解和自由的思想，这样才是新时代对人才的根本要求。

只满足于专业技能的学习是不够的，在此基础上还需有广博自由能容纳新潮流的精神，广泛地学习与自身专业相关专业的知识，甚至在能力许可的情况下还可以钻研更深更广的领域。从古至今，这样的事例并不缺乏。例如，大文豪苏东坡除了在文学上造诣高超，在厨艺方面亦有建树；物理学家爱因斯坦，小提琴和钢琴的熟练程度不输于物理定义；书画

家齐白石、张大千除了绘画泼墨，还很擅长下厨。近代，如中科院物理学博士生导师陈涌海在专业方面是中科院半导体所半导体材料科学重点实验室主任，长期从事半导体材料物理研究，先后主持了国家重点基础规划项目和课题、国家自然科学基金重大项目和中科院重点项目等十余个科研项目。在国际知名学术刊物上发表 SCI 论文百余篇，获得国家授权发明专利十余项。曾获 2004 年国家重点基础研究计划（973）先进个人称号、2006 年度杰出青年基金获得者、2009 年新世纪百千万人才工程国家级人选、2011 年度中科院百人计划入选者等奖励和荣誉。但陈涌海博士同时又是一名歌手，在窦唯的专辑《山水清音图》中担任吉他手。其演唱的《将进酒》被好友无意之间上传到网上，很快就破了千万的播放量，还因此上过 2012 年的网络春晚，并被称为"摇滚博导"。

总之，只有在正确的社会价值观的指导下，有目标和针对性的学习，作为中职学生的我们才能有更大的发展。

2.1.3 自省

自由并不是为所欲为，它是有限制和相对的，必要的限制是对自由的保护。正如火车有了轨道的限制，才能顺利行驶；车辆有了红绿灯的限制，才能安全通行。无限制的自由只会走向自由的反面，导致混乱与伤害。

（1）确定主题。

通过确定主题的课堂活动，使同学们对自由的内涵有更明确的领悟。

（2）活动方案。

如表 2-1 所示。

表 2-1　活动方案

活动主题			
班级	组长		指导教师
小组成员分工			
序　号	任　务		成　员
1	学生分为甲乙两组		
2	两个小组分别完成一幅手抄报		
3	针对创作过程，两个小组分别做不同的要求		
4	将两组的成果进行比较		

（续表）

序　号	任　务	成　员
5	甲组成员发言，分享在创作手抄报过程中的感受	
6	乙组成员发言，分享在创出手抄报过程中的感受	
7	全班选代表比较两个小组的最终作品，并评价哪一组的更好，为什么	
8	思考通过这个游戏，你体会到了什么？怎样理解"纪律是自由的第一条件"	

（3）实施过程。

- 教师布置手抄报内容，完成时间为 40 分钟。
- 甲组不做任何分工和要求，让小组成员自由发挥；乙组有明确的分工和要求。
- 各组根据任务进行自由创作，教师巡回指导。
- 各组展演。
- 各组代表总结自己在创作手抄报过程中的表现。

（4）评价总结。

- 学生评价。

如表 2-2 所示。

表 2-2　学生评价

活动环节	评价内容				
	积极参与 10 分	团队合作 10 分	富有创新 10 分	获得成果 10 分	享受快乐 10 分
主题确定					
活动过程					
成果展示					
反思交流					

- 教师对学生的表现进行评价。
- 教师围绕活动主题进行总结。

2.1.4 求索

1. 阅读资料

微博转发侵权视频及发布侵权言论教科书式耍赖败诉

因认为岳某某在新浪微博转发侵权视频及发布侵权言论，使其被冠以"教科书式耍赖"的称号，黄某某将岳某某及新浪微博的运营方北京微梦创科网络技术有限公司诉至法院。6月18日，此案在北京互联网法院开庭宣判。法院认为黄某某的全部诉讼请求无事实和法律依据，判决驳回原告黄某某的全部诉讼请求，如图2-1所示（2019年6月18日《北京青年报》）。

图 2-1　原标题为"教科书式耍赖案为网络转帖划分边界"

随着法治意识的不断提升，人们已经形成了共识。即言论自由有其边界，网络世界也不例外。然而对于言论的边界究竟该如何界定、网络转帖者需要承担何种程度的审慎义务等诸多法律具体适用问题，无论在理论界还是在坊间都存在各种说法与见解。当相关案件诉至法院，司法没有拒绝裁判的权利，必须依据现行法律和法理给出答案。既要在当事人之间定纷止争，更要对全社会起到指引、示范作用。

在上述案件中，一审法院给出的答案可谓可圈可点。择其要点，该判决对于界定转帖责任至少确立了两项具有建设性意义的规则。涉案视频称黄某某在判决后一分未赔，而实际上她还了2.6万元。涉案视频与真实情况确实存在一定出入，对此判决认为网络空间具有信息海量、信息共享、传播迅捷的特点。如果要求网络用户在转发言论时，对所转发言

论的客观真实性进行完全的核实和调查，既不现实，也不符合互联网传播的规律，属于对网络用户过高的要求。

判决认定，岳某某在转发涉案视频前查询了失信人名单等公开信息，尽到了较高的注意义务，在转发时亦未对涉案视频做出修改。岳某某发布的评论涉及其他博文对相关法律规定的解读，并无不当之处。这就确认了一项规则，即若网帖基本属实，即便转帖内容与事实存在一定偏差，转帖者也无须担责。这个规则将对保护网络言论自由、避免网络空间成为人人噤若寒蝉之地大有裨益。

来源：https://kan.chinA.com/article/593778.html

2. 观看视频

（1）　《百家讲坛》：社会主义核心价值观——自由。

视频 2-1　《百家讲坛》：社会主义核心价值观——自由

为什么将自由作为社会主义核心价值观社会层面中的第一位？本期节目由中央党校副教育长兼马克思理论教研部主任韩庆祥教授就如何把握自由的全部内涵、为什么把自由作为社会主义核心价值的重要内容、如何培育和践行社会主义核心价值观这几个方面来解读这个话题。

请回答如下问题：

- 如何理解自由的含义？
- 在社会主义建设中如何实现自由？
- 自由和责任是什么的关系？

（2）　《我们的价值观》：社会主义核心价值观之自由。

视频 2-2 《我们的价值观》：社会主义核心价值观之自由

穆勒曾说过："个人的自由必须有所限度，不得因为自己的自由而妨碍他人。"通过短片列举的小事例，我们可以更直观地理解"自由"的概念。

请回答为什么在刚开始人们未能画出好看的图画？

（3） 《正道沧桑——社会主义 500 年》第 5 集："孤岛沉没"。

视频 2-3 《正道沧桑——社会主义 500 年》第 5 集："孤岛沉没"

本集主要内容为 1824 年，三大空想社会主义者之一的罗伯特·欧文来到美国创建了一个"新和谐公社"的共产主义公社。但是好景不长，处于资本主义汪洋大海包围中的这座孤岛不可能与世隔绝，由于人员混杂，体制不完善，所以这座仅存了三年的孤岛在风雨飘摇中沉没。

请回答如下问题：

• 为什么欧文的实践最终以失败告终？

• 通过了解这则历史资料，你对自由的概念有了怎样的理解？

• 在今后的学习生活中你将怎样践行由？试举例说明。

3. 歌曲

让我们荡起双桨

作词：乔　羽

作曲：刘　炽

让我们荡起双桨

小船儿推开波浪

海面倒映着美丽的白塔

四周环绕着绿树红墙

小船儿轻轻飘荡在水中

迎面吹来了凉爽的风

红领巾迎着太阳

阳光洒在海面上

水中鱼儿望着我们

悄悄地听我们愉快歌唱

小船儿轻轻飘荡在水中

迎面吹来了凉爽的风

做完了一天的功课

我们来尽情欢乐

我问你亲爱的伙伴

谁给我们安排下幸福的生活

小船儿轻轻飘荡在水中

迎面吹来了凉爽的风

结合歌词内容，请思考是什么保障了我们今天自由的生活？

2.2　平等：所有人生来都是平等的

2.2.1　吟诵

吟诵如下。

（1）　对一个有优越才能的人来说，懂得平等待人，是最伟大、最正直的品质。

——理查德·斯蒂尔

（2）　平等者最能与平等者相投。

——西塞罗

（3）　有平等就不会有战争。

——梭伦

（4）　所有人生来都是平等的。

——林肯

（5）　所有的人对自由、私产、法律保护都有平等权利。

——伏尔泰

（6）　一切人，或至少是一个国家的一切公民，或一个社会的一切成员，都应当有平等的政治地位和社会地位。

——恩格斯

（7）　人人天生都是平等的，他们同样有权在地上生活和立足，同样有权享受天赋的自由和他的一份世间福利。人人都应当从事有益的劳动，以便取得生活中必需和有益的东西。

——梅叶

（8）　我们认为这是不言而喻的真理，一切人生来都是平等的。

——托·杰弗逊

（9）　无产阶级平等要求的实际内容都是消灭阶级的要求，任何超出这个范围的平等要求，都必然要流于荒谬。

——恩格斯

（10）　公天下之身，公天下之物，其唯至人矣。
（释义：平等地对待天下的人，平等地看待天下的事物，这样的人便是品德至高的人。）

——《列子》

2.2.2　品鉴

　　上述 10 条名家名言向我们传递了不言而喻的真理，即所有人生来都是平等的。平等是人和人之间的一种关系、人对人的一种态度，它是人类的终极理想之一。平等不是要实现绝对的平均，阶级社会的平等，也不是直接的自然平等和利益平等。由于人之差异，所以绝对的平等不存在，只有相对的平等，现代社会的进步就是人和人之间从不平等走向平等的过程，是平等逐渐实现的过程，遇到不平等之处一定要坚决消灭。人和人之间的平等不是指人之差异所致的"相等"或"平均"，而是在精神上互相理解，互相尊重的不区别对待的平等享有的社会权利与义务。

　　对于我们中职学生来说，平等要求我们在学习生活中能做到平等待人。因为每个人都具有平等的人格，应该得到同样的尊重。尊重他人，以平等的态度去对待他人，不因人们

之间的差异而划分尊卑等级并显示不同的态度。这是一个正直的人应有的待人之道，也是现代社会中不可或缺的基本素质。1959 年 10 月 26 日，在全国"群英会"上，刘少奇亲切接见了全国劳动模范、掏粪工人时传祥。刘少奇握着时传祥的手说："你当清洁工是人们的勤务员，我当主席也是人民的勤务员。这只是分工的不同，我们都是革命事业不可缺少的一部分。"这个事例更能说明劳动是不分高低贵贱的，不管从事什么工作，每个人在人格上都是平等的。

苏东坡有一次到山里去游玩，一路看着美景，不知不觉走到了一座古庙前边。苏东坡挺高兴，就进了庙，打算歇歇脚。庙里管事的住持看进来的人穿着一身旧衣裳，心想哪儿来的这么个"穷酸"。可又不能不招呼，他就坐在椅子上，带搭不理地冲苏东坡一点头说："坐。"又一扭脸对身边的小和尚说："茶。"可住持跟苏东坡一搭上话，就吃了一惊："这人学问不小哇！"马上站起来，把苏东坡让到了客房。一进客房，住持口气也变了，挺客气地对苏东坡说："请坐。"然后又叫小和尚："敬茶。"住持再一细打听，真没想到面前的这位"穷酸"就是大名鼎鼎的苏学士！住持吓了一跳，赶紧起来让苏东坡："请上座！"又喊小和尚："敬香茶！"还一个劲儿地向苏东坡赔不是。住持觉得难得这位大学士来到庙里，可别错过机会，就满脸堆笑地冲苏东坡说："久闻学士的大名，今天您到这儿来，就请给庙里写副对子吧。贴出来，我们脸上也有光彩。"东坡先生看住持点头哈腰的样子，觉得又可气又可笑，于是就写下了一副对子："坐，请坐，请上坐；茶，敬茶，敬香茶。"

上述这个故事就是一个不能平等待人的典型例子，对此中职学生要戒除之。

2.2.3　自省

课堂活动为"比一比，平等多重要"。

（1）确定主题。

平等是人类的崇高理想，是社会发展的永恒主题。在我国，任何公民，不分民族、种族、性别、职业、家庭出身、宗教信仰、教育程度、财产状况、居住年限，都一律平等地享有宪法和法律所赋予的权利，都要平等地履行法律规定的义务。2012 年 11 月中国共产党第十八次全国代表大会首次将男女平等作为基本国策写入报告，也说明了国家对实现平等的行动和决心。

下面通过对木兰从军和当代女子仪仗队的对比，直观、深度地感受平等对国家和个人的意义。

（2）活动方案。

如表 2-3 所示。

表2-3　活动方案

活动主题			
班级	组长	指导教师	
小组成员分工			
序　号	任　　务		成　员
1	学生分组		
2	阅读古文"木兰辞"		
3	观看当代女子仪仗队的图片		
4	将二者进行比较		
5	了解"木兰辞"的故事后小组讨论，围绕花木兰的人生轨迹进行讨论并思考如下问题 （1）花木兰替父从军为什么要女扮男装 （2）为什么在得知木兰是女郎后，她的伙伴会惊奇		
6	观看女子仪仗队的图片，小组分享感受进行讨论并思考如下问题 （1）班上的男生和女生是否享有同等的参与活动的权利 （2）男女生一起参加班级活动的时候，是否会有别扭的感觉 （3）是什么使大家都能享有这样的权利？你认为好吗		
7	小组代表发言，回答讨论结果		
8	全班进行点评		
9	全班选择一名代表对结果进行总结		

（3）实施过程。

• 教师提供古文"木兰辞"。

木兰辞

唧唧复唧唧，木兰当户织。不闻机杼声，惟闻女叹息。问女何所思，问女何所忆。女亦无所思，女亦无所忆。昨夜见军帖，可汗大点兵，军书十二卷，卷卷有爷名。阿爷无大儿，木兰无长兄，愿为市鞍马，从此替爷征。

东市买骏马，西市买鞍鞯，南市买辔头，北市买长鞭。旦辞爷娘去，暮宿黄河边，不闻爷娘唤女声，但闻黄河流水鸣溅溅。旦辞黄河去，暮至黑山头，不闻爷娘唤女声，但闻燕山胡骑鸣啾啾。

万里赴戎机，关山度若飞。朔气传金柝，寒光照铁衣。将军百战死，壮士十年归。

归来见天子，天子坐明堂。策勋十二转，赏赐百千强。可汗问所欲，木兰不用尚书郎，愿驰千里足，送儿还故乡。

爷娘闻女来，出郭相扶将；阿姊闻妹来，当户理红妆；小弟闻姊来，磨刀霍霍向猪羊。开我东阁门，坐我西阁床，脱我战时袍，著我旧时裳。当窗理云鬓，对镜贴花黄。出门看火伴，火伴皆惊忙：同行十二年，不知木兰是女郎。

雄兔脚扑朔，雌兔眼迷离；双兔傍地走，安能辨我是雄雌？

中国女子仪仗队如图 2-2 所示。

图 2-2　中国女子仪仗队

- 教师展示当代女子仪仗队的图片。
- 小组讨论，教师巡回指导。
- 小组代表发言。
- 全班点评并进行总结。

（4） 回答以下问题。

- 通过新旧社会女性军旅生活的对比，你感受到了什么？
- 通过了解花木兰的遭遇，你对平等的意义有了怎样的看法？
- 你自己享受到了哪些权利体现了平等？通过这些事例，你认为实现平等与个人发展有怎样的联系？

（5） 评价总结。

- 学生评价。

如表 2-4 所示。

表 2-4　学生评价

活动环节	评价内容				
	积极参与 10分	团队合作 10分	富有创新 10分	获得成果 10分	享受快乐 10分
主题确定					
活动过程					
成果展示					
反思交流					

- 教师对学生的表现进行评价。
- 教师围绕活动主题进行总结。

2.2.4　求索

1. 阅读资料

七国集团与联合国教科文组织国际会议聚焦教育平等与公正

七国集团与联合国教科文组织国际会议 2019 年 7 月 6 日在巴黎的联合国教科文组织总部举行。会议聚焦教育平等与公正，特别是谋求推动为女童和妇女提供优质教育。

法国外交部长勒德里昂、教育部长布朗盖和联合国教科文组织总干事阿祖莱共同出席会议开幕式并分别致辞，与会嘉宾包括诺贝尔和平奖得主马拉拉、法国经济学家杜芙若等。

阿祖莱在会议开幕辞中表示，国际社会应在教育平等与公正问题上加强合作。特别是要大力推动妇女和女童教育，女童教育是教科文组织今后 6 年工作的核心优先事项。

阿祖莱宣布教科文组织正式发起"她的教育，我们的未来"全球倡议，以激励全球围绕优化数据、优化政策、优化实践这三大支柱开展合作，协力通过教育促进女性赋权。

法国总统马克龙出席当天的会议并发表演讲，他强调教育的重要意义，并指出国际社

会现在到了进行资金投入、把承诺落实为行动的时候了。马克龙着重阐述了法方在教育相关领域所作努力。

七国集团方面表示重点关注最不发达国家的女童教育和职业培训，特别是萨赫勒地区。法国方面承诺为萨赫勒地区的女童教育提供资金支持，并推动当地的学校卫生项目。

联合国教科文组织全球教育监测报告团队当天发布题为"为性别平等搭建桥梁"的报告，该报告显示虽然在过去 20 年间，全球在实现男女童平等入学方面取得了显著进展，然而自 2000 年以来，低收入国家成年女性文盲人数却增加了 2 000 万。

报告首次对七国集团的教育援助投入做了详细分析，认为大部分援助用于推动性别平等，但成效不彰，报告还研究了 20 个国家在教育方面的性别平等推进情况及其政策。

当天还同时举行了首届七国集团发展与教育部长级联席会议，与会高官着重讨论如何解决教育不平等问题，以及萨赫勒地区面临的教育问题。

记者：李洋；责编：薛丹、朱红霞

2. 观看视频

（1）　《百家讲坛》：社会主义核心价值观——平等。

平等是社会主义核心价值观的重要内容，它与自由、公正、法治一起构成了社会主义核心价值观在社会层面的重要本质的规定。平等是人类社会发展的基本趋势，是现代社会的基本要求，是社会最基本的价值追求，是由人的基本需要决定的，尊重的需要是人的基本需要之一。构建一个平等的社会首先需要建构权利平等的原则，要实现真正意义上的平等，必须要反对各种形式的歧视和各种形式的特权。

视频 2-4　《百家讲坛》：社会主义核心价值观——平等

请回答如下问题。

- 你怎样理解社会主义核心价值观中的平等？
- 我们应如何实现平等的观念？

（2）《我们的价值观》：社会主义核心价值观之平等。

平等要求尊重和保障每个人的权利，无论你是富贵还是贫穷，健康还是残疾，都有平等参与、平等发展的权利。通过观看视频，我们将有更进一步的体会。

视频2-5　《我们的价值观》：社会主义核心价值观之平等

（3）无手车王。

2007年12月，素有"赛车界终极赛道"之称的马来西亚雨林挑战赛正在进行。400多名选手中第2个冲过终点的是一位叫何跃林的中国人，这一幕让来自世界各地的越野高手为之震惊，因为何跃林是一个没有双手的人。本片以"无手车王"何跃林为一号主人公，以实地采访、跟踪记录为主要拍摄手段；同时还将追踪何跃林的比赛备战、日常生活，呈现何跃林与妻子、孩子、残疾车友、企业员工之间的互动，以刻画人物的性格，讲述他的传奇人生。

视频2-6　无手车王

请回答如下问题：
- 何跃林的传奇是不是社会平等的体现？
- 通过何跃林的故事你对平等有了怎样的体会？

3. 歌曲

爱我中华

作词：徐沛东
作曲：乔　羽

爱我中华爱我中华
赛罗罗赛罗罗赛罗罗赛罗罗
赛罗罗赛罗罗赛罗罗赛罗罗嘿

五十六个星座五十六支花
五十六族兄弟姐妹是一家
五十六种语言汇成一句话
爱我中华爱我中华爱我中华
嗨啰咿啰嘿啰嘿嗨啰咿啰嘿啰嘿
嗨啰咿啰嘿啰咿啰嘿啰爱我中华

五十六个星座五十六支花
五十六族兄弟姐妹是一家
五十六种语言汇成一句话
爱我中华爱我中华爱我中华
爱我中华健儿奋起步伐
爱我中华建设我们的国家
爱我中华中华雄姿英发
爱我中华五十六族兄弟姐妹
五十六种语言汇成一句话爱我中华

五十六个星座五十六支花
五十六族兄弟姐妹是一家
五十六种语言汇成一句话
爱我中华爱我中华爱我中华
嗨啰咿啰嘿啰嘿嗨啰咿啰嘿啰嘿
嗨啰咿啰嘿啰咿啰嘿啰爱我中华

五十六个星座五十六支花

五十六族兄弟姐妹是一家

五十六种语言汇成一句话

爱我中华爱我中华爱我中华

嗨啰咿啰嘿啰嘿嗨啰咿啰嘿啰嘿

嗨啰咿啰嘿啰咿啰嘿啰爱我中华

五十六个星座五十六支花

五十六族兄弟姐妹是一家

五十六种语言汇成一句话

爱我中华爱我中华爱我中华

爱我中华健儿奋起步伐

爱我中华建设我们的国家

爱我中华中华雄姿英发

爱我中华五十六族兄弟姐妹

五十六种语言汇成一句话

爱我中华嘿

结合歌词内容请思考各民族平等地共同生活是一个什么样的情形？

2.3 公正：公正是赏罚公明者的美德

2.3.1 吟诵

吟诵如下。

（1）刑过不避大臣，赏善不遗匹夫。

（释义：惩罚有罪行的人，不能因是高官显宦而回避；奖赏有功劳的人，不能因为是平民百姓而遗忘。）

——《韩非子·有度》

（2）一心可以兴邦，一心可以丧邦，只在公私之间尔。

（释义：心念一动想要做一件事，如果这个心念是为公心的，就可以振兴国家；如果这个心念是为自己的，不顾国家人民的，那么就会使国家败亡。）

——朱熹

（3）　恋亲不为亲徇私，念旧不为旧谋利，济亲不为亲撑腰。

——毛泽东

（4）　论天下者，必循天下之公。

（释义：从天下的角度考虑事情的人，一定会遵循天下的公理。）

——王夫之

（5）　君子和而不同，小人同而不和。

（释义：君子以公正之心对待天下众人，不徇私护短，没有预定的成见及私心；小人则结党营私。）

——《论语·子路》

（6）　治身莫先于孝，治国莫先于公。

（释义：人修养没有比孝敬父母更重要的了，治理国家没有比大公无私更重要的了。）

——苏轼

（7）　公其心，万善出。

（释义：只要心里坚守公正，便是善良的开端。）

——方孝孺

（8）　公正是赏罚公明者的美德。

——亚里士多德

（9）　一切背离了公平的知识都应叫做"狡诈"，而不应称为"智慧"。

——柏拉图

（10）　以至公无私之心，行正大光明之事。

——吕坤

2.3.2　品鉴

通过吟诵这 10 条名言警句，我们可以理解"公正"意为公平正直，没有偏私。公正是维系社会和振兴国家的根本，正如宋代理学家朱熹所说"一心可以兴邦，一心可以丧邦"，这其中的"一心"其实就是"只在公私之间尔"。也就是我们所说的公心——公正之心，这是从宏观层面来说明公正的重要性；其次，公正是一个人在社会上安身立命之本。清代学者王夫之曾言"论天下者，必循天下之公"，从天下的角度考虑事情的人，一定会遵循天下的公理。而一个考虑问题皆以公理为准的人又怎么会难以在社会立足？宋代大文豪苏东坡更是将公正上升为与孝道同样重要的地位，并感慨道："治身莫先于孝，治国莫先于公。"这些先贤的话语从不同角度告诉我们公正的意义。

既然公正如此重要，那么中职生如何践行？首先，凡事要有自己的原则，正所谓"君子和而不同，小人同而不和"（《论语·子路》），只有内心有自己的原则才能真正做到"和而不同"；其次，在对待亲近的人时候也要坚守自己的原则，正如毛主席常对子女教导道：

"恋亲不为亲徇私，念旧不为旧谋利，济亲不为亲撑腰。"在亲属、近亲之人的问题上更要坚持原则；最后，对普通人则要做到"刑过不避大臣，赏善不遗匹夫"。不可畏权附势，更不可仗势欺人。

曹操有个堂弟，名字叫曹洪。曹洪跟随曹操带兵打仗，立过许多战功，曹操对他十分信任与宽容。有一天，曹操的侍卫报告："丞相，曹洪有急事求见。"曹操说："让他进来。"曹洪气喘吁吁地走进来。曹操问："有什么紧急的事吗？"曹洪向曹操行过礼，说："有，您快管管满宠吧。他要杀我的人了，这不是故意让我出丑吗？"原来，曹洪的手下有一个人依仗他的势力，常常干违犯法律的事，还满不在乎。最近，他又犯了法，被人告到地方官满宠那里。满宠立即抓来那个人，经过审问，根据法令，判处那个人死刑。曹洪听说以后，连忙写信给满宠。信中说："请大人能够看在我的面子上，饶了这个人吧。这个人是我的亲信，您千万不可杀他。如果饶了他，您有什么要求，我一定尽力为您效劳。"满宠收到信，心中十分不高兴，他说："曹洪身为大将，怎么能为自己犯罪的亲信辩护？实在不应该！"满宠对曹洪的说情理也不理，仍然坚持原则。曹洪没有办法，只好来求曹操出面讲情。曹操想了想，说："待我问个明白。"曹操传令，召见满宠。过了好久，满宠才来见曹操。曹操刚想开口询问，满宠倒不慌不忙地说："我想，您是要为曹洪将军的一位犯法的亲信说情吧？我刚才已经把他杀了！"曹操听了，大吃一惊，说："怎么？你怎么能这样做呢？"满宠说："丞相请您千万不要生气，我听说曹洪将军找您告我的状，我料想您找我来就是为了曹洪将军的那个亲信的事。那个人罪大恶极，是不能饶恕的。我怕您命令我放掉他，所以就干脆先按判决杀了他才来见您。"满宠说完，望着曹操，等候发落。曹操听罢，想了想说："当然，我很为曹洪伤心，但是满宠你做得是对的，你大概还怕我治你的罪吧？"满宠说："不，我没有罪，所以我不怕。"曹操哈哈笑了起来，竖起大拇指，赞扬说："满宠做得对！做官就应该像满宠这样。不然我定下的法律，谁还愿意执行？不管是谁，犯了法就要按法律处置！"

相信只要我们很好地践行公正，每个人都能这样要求自己，那么国家也势必是公正的。而一个处处体现公正的国家，是必然强大的！

2.3.3 自省

主题班会"我是小法官"。

（1）确定主题。

公平正义是人类社会共同的追求，是社会主义法治的重要目标，是新时期广大人民群众的强烈愿望，实现公平正义是构建社会主义和谐社会的重要任务。我们要秉着公正之心，做公平公正的事，让社会充满正义。

公正既体现在国家的方针政策、法律实施中，也体现在寻常小事中，通过主题班会"我是小法官"将更直观地感受到。

（2）活动方案

如表 2-5 所示。

表2-5 活动方案

活动主题		
班级	组长	指导教师
小组成员分工		

序　号	任　　　务	成　员
1	学生分组	
2	抽签（4个情境任意抽取一个）	
3	小组讨论情境中的主人公行为，思考是否正确？为什么？正确的做法是什么？	
4	其他小组表达不同意见	
5	全班讨论	
6	学生代表总结	
7	思考如下问题 （1）通过几则故事中的主人公的事例，你了解到了什么？ （2）你是否曾帮助同学隐瞒错误？现在你怎样评价自己当时的行为？ （3）生活中我们如何杜绝类似的行为？	

（3）实施过程。

- 学生分小组。
- 教师将4情境分发给每个小组，一是方方是清洁委员，轮到方方做清洁的时候他安排大家做，而自己在旁边玩。问他为什么，他振振有词地说："我是清洁委员！"二是红红和大明是好朋友，红红当值日生那天，尽管大明违反了纪律，红红也没有记大明的名字，却记了其他同学的名字；三是孙飞是班干部，那天他和另外一个成绩差的同学发生了矛盾而大打出手。老师狠狠地批评了那个同学，却原谅了孙飞；四是李青在竞选班干部时，为了战胜对手，他悄悄地买好吃的给其他同学，让他们投自己的选票。
- 小组讨论，教师巡回指导。
- 各组发表讨论结果。
- 全班分析总结。

（4）评价总结。

- 学生评价。

如表 2-6 所示。

表 2-6　学生评价

活动环节	评价内容				
	积极参与 10 分	团队合作 10 分	富有创新 10 分	获得成果 10 分	享受快乐 10 分
主题确定					
活动过程					
成果展示					
反思交流					

- 教师对学生的表现进行评价。
- 教师围绕活动主题进行总结。

2.3.4　求索

1. 阅读资料

诸葛亮为夺取天下大业，于公元 228 年发动了一场北伐曹魏的战争。在讨论人选时，诸葛亮不顾众议，决定提拔谈起军事头头是道的马谡为镇守战略要地街亭的最高指挥官。

马谡出兵街亭之前，曾立下军令状，表示若有差失，则"乞斩全家"。马谡率兵到达街亭之后，没有听从诸葛亮"在山上扎营太冒险"的嘱咐。他自以为熟读兵书，更不听副将王平的劝告，屯兵于山头。他自信地说："兵法有云居高临下，势如破竹，置之死地而后生。"

最终马谡被曹魏名将张郃围困在山头，断了水粮，马谡兵败而回。马谡失守街亭，战局发生了根本性的变化。迫使诸葛亮退回汉中，北伐曹魏的计划也随之流产。为此，诸葛亮下令将马谡革职入狱，斩首示众。斩首之时，全军落泪，诸葛亮亦失声痛哭。

如图 2-3 所示。

图 2-3　诸葛亮挥泪斩马谡

包拯大义灭亲铡包勉

包拯做庐州知县时，一个老大娘来告包勉打死了她的儿子，摔死了她的孙子，强奸了她的儿媳妇。这是一起重大案件，两条人命一个强奸罪，这在现代社会是要判处死刑的。包拯接到报案后立即下命令抓嫌疑人，但是嫌疑人久久没有归案。包拯被这起案件折磨的心力交瘁，道德与法律一直在包拯脑子里盘旋。回到家后看见妻子手里拿着一个拨浪鼓问包拯："这个拨浪鼓是否要扔掉？"

这个拨浪鼓承载着包拯儿童时期的满满记忆，看见这个拨浪鼓记忆也涌上了心头。这就要提到包拯的童年故事，而这个故事里面有被告人包勉和他的母亲，也就是包拯的嫂嫂。长兄如父，长嫂如母，这句话在包拯身上被完整地验证了。

包拯是最小的儿子，母亲在包拯未满月的时候去世了，那时候的包拯还是襁褓里的婴儿。嫂嫂心疼包拯，就把包拯带回来自己养。那时候的嫂嫂也有了自己的孩子包勉，嫂嫂同时养育着包拯和包勉。奶水不够喝时都是先让包拯喝，然后让自己的儿子喝米粥，这是怎么样的一份真情真意。包拯两岁的时候，包拯长兄买来一个拨浪鼓给自己的儿子包勉玩。小时候孩子都不懂事，包拯和包勉抢拨浪鼓玩，包拯没抢到大哭不止。嫂嫂从包勉手里夺过拨浪鼓给包拯玩，其实嫂嫂心里也是痛。拨浪鼓还不小心划伤了包勉的手，这件事让包拯深深地记在了自己的脑子里。包拯的妻子拿出拨浪鼓就是要提醒包拯不要忘记嫂嫂的这份心这份情，让他看在嫂嫂的份上对包勉网开一面。

嫂嫂年事已高，膝下无子这对于这个老人家来说无疑是一种巨大的打击。道理包拯何尝不懂，但国法难容，最终还是选择将侄子缉拿归案。经过开庭审理，证据确凿。包拯开启了狗头铡，将包勉处以死刑。

最后包拯抱着侄儿的头颅痛哭。

如图 2-4 所示。

图 2-4 包拯大义灭亲铡包勉

2. 观看视频

（1） 《百家讲坛》：社会主义核心价值观——公正。

视频 2-7　《百家讲坛》：社会主义核心价值观·公正

公正不仅是引领社会进步的价值观念，而且在社会主义核心价值体系中也居于主导地位。追求和实现社会公平、公正是当今中国社会各阶层的最大公约数之一，也是集结最广泛的社会力量进行全面深化改革、突破改革瓶颈的关键因素。

请回答如下问题。

• 经由视频中专家学者的解读，我们应该怎样理解社会主义核心价值观的公正？
• 经过视频中专家学者的讲解，我们可以了解到公正对于当今社会有着怎样的意义？
• 通过视频中专家学者的分析，我们如何正确看待社会公正？

（2） 《我们的价值观》：社会主义核心价值观之公正。

视频 2-8　《我们的价值观》：社会主义核心价值观·公正

　　公正是社会公平正义，每个人获得解放，获得自由平等的权利是公正的前提。通过下面视频中的小故事，我们可以更深地体会公正的重要性。

　　请说一说你知道的可以体现公正的小故事。

　　（3）　《鉴史问廉》第3集："清浊之辨"。

　　该片纵览中华民族五千年朝代演进，以中华传统文化为视野，以"廉"为核心，以"清、勤、慎"为主题。从历史的兴衰之道中探寻廉政文化的力量，为盛世鸣警钟，为时代举镜鉴。全片对中华文明进程中的重大事件和典型人物进行了充分展示，内涵深厚，立意高远。气势恢宏，制作精良。

视频2-9　《鉴史问廉》第3集："清浊之辨"

请回答如下问题：

· 视频中的古人是怎样实现公正的？

· 视频中为了实现公正，历代先辈做出了怎样的牺牲？

3. 歌曲

公 正 之 歌

作词：张　楠
作曲：李小平

阳光普照满人间，
山川河谷一样暖。
跟着太阳朝前走，
公平正义春满园。
双手端平水一碗，
一视同仁化冰川。
心有公平一杆秤，
斤斤两两重如山。
公正无私天地广，
公平正义春满园。
阳光普照满人间，
山川河谷一样暖。
追梦路上手牵手，
党心民心心相连。
双手端平水一碗，
一视同仁化冰川。
心有公平一杆秤，
斤斤两两重如山。
公正无私天地广，
公平正义春满园。
公平正义春满园，
春满园啊。

结合歌词内容，请思考公正对于社会有什么重要意义？

2.4　法治：国无常强，无常弱。
奉法者强，则国强；奉法者弱，则国弱

2.4.1　吟诵

吟诵如下。

（1）　治民无常，唯法为治。

（释义：治理百姓没有固定不变的方法，只有实行法治才能够把百姓管理好。）

——《韩非子·心度》

（2）　立善法于天下，则天下治；立善法于一国，则一国治。

（释义：在天下设立好法制，天下就会太平；在一国制定好法制，一国就会太平。）

——王安石

（3）　法令既行，纪律自正，则无不治之国，无不化之民。

（释义：只要依法治国法令畅通，纪律和风气自然清正，那样就不会有治不好的国家，也不会有顽固不化的百姓。）

——包拯

（4）　法立，有犯而必施；令出，唯行而不返。

（释义：法律一经订立，凡有违犯者，必须实施惩治；命令一经发出，只有坚决执行，决不能加以违反。）

——王勃

（5）　国无常强，无常弱。奉法者强，则国强；奉法者弱，则国弱。

（释义：国家不会永远富强，也不会长久贫弱。执行法令的人坚决，国家就会富强；执行法令的人软弱，国家就会贫弱。国家的强弱富贫，不是一成不变的。）

——《韩非子·有度》

（6）　治强生于法，弱乱生于阿。

（释义：国家太平强盛得力于法治，国家纷乱贫弱是由于执法的不公正。）

——《韩非子·外储说右下》

（7）　不以规矩，不能成方圆。

——孟子

（8）　法者，天下之程式也，万事之仪表也。

——《管子·明法解》

（9） 盖天下之事，不难于立法，而难于法之必行。

（释义：天下大事，困难之处不在于立法，而在于有法必行。）

——张居正

（10） 法律就是秩序，有好的法律才有好的秩序。

——亚里士多德

2.4.2 品鉴

我们吟诵的这 10 条名言警句，事实上向我们传递了一个思想，即"法治"是前面三者的保障——无论是自由、平等还是公正。除了在意识上、道德上要积极转变，还需要法治的保障。正如法家代表人物韩非子所言："国无常强，无常弱。奉法者强，则国强；奉法者弱，则国弱。"国家不会永远富强，也不会长久贫弱。只有法治意识坚决的人多，国家才会富强；相反，无法治意识的人多，国家就会贫弱。国家的强弱富贫，不是一成不变的，一个国家国民的法治意识之强弱直接关乎这个国家的强弱。正如韩非子所言"治强生于法，弱乱生于阿"，国家太平强盛得力于法治；国家纷乱贫弱是由于执法的不公正。国泰民安得力于法治，因为只有实行法治，依法治国，社会才会安定，人民才能遵法守法；相反，若贪赃枉法，举事不公，阿曲权贵，人民自然不服。一旦小的不服发展到大的不服，就容易给整个国家和社会造成动乱。

学校为了保障教学活动的正常进行，也制定了相关规章制度。作为中职生的我们在学校要有意识地遵守校规校纪，自觉地用这些规则约束自己。任何的违纪行为都是在拿自己的前途开玩笑，例如，小明、小华、小张、小王四名同学是某职校的学生，中秋节晚上四个人无视学校禁止学生饮酒的相关规定在宿舍内喝酒。酒后四人因口角发生冲突，致使小张、小华受伤连夜送至医院，事后学校依据相关规定对四人分别进行了处分。

我们除了自己要有遵纪守法的意识之外，还要坚决与一切违法行为保持距离。甚至在保障自己安全的情况下，要对违法的行为进行举报。相信在我们新一代青少年的努力下，中国的法治建设会更完善。

2.4.3 自省

青少年模拟法庭。

2.4.3.1 确定主题

依法治国是国家进行法治建设的重要方向，法院作为行使国家法律的主要机关在建设法治中国的过程中有着重要的作用。下面我们将通过青少年模拟法庭的形式体会法律的严谨性和公平性，进而更直观地体会法治的重要性。

2.4.3.2　活动方案

如表 2-7 所示。

表 2-7　活动方案

活动主题			
班级	组长		指导教师
小组成员分工			
序　号	任　务		成　员
1	角色分工		
2	收集与案例有关联的法律条文		
3	收集、撰写"法庭"上需要用到的文书		
4	布置"法庭"		
5	"法庭"开庭		
6	服装和化妆（有需要时）		
7	每个人总结在活动中收获的知识		
8	推选一位代表在全体同学面前，总结自己在本次活动中的收获		

2.4.3.3　活动过程

1. 角色分工

角色分别为审判长、审判员、书记员、公诉人、被告人、法定代理人、指定辩护人、旁听人员和法警。

2. 教师提供案例

某年某月某日凌晨，被告人某某用之前偷配好的同学某某家钥匙打开某家门。撬开抽屉窃得 LV 皮包一个，包内有现金人民币 8 000 元、iphone 手机一部、金戒指一枚、金手镯一个，后其又将 LV 皮包、金戒指、金手镯还回原处。经鉴定，LV 皮包、苹果手机、金戒指、金手镯价值总额为人民币 26 000 元。

3. 各组抽签

4. **各组准备，教师巡回指导**

5. **模拟法庭开庭**

（1） 法庭准备阶段。

- 书记员入场，组织旁听人员落座并宣布法庭纪律。
- 公诉人、法定代理人、指定辩护人入席。
- 审判长、审判员入席并由审判长宣布开庭。
- 提被告人到庭并由审判长对被告的身份事项及受审缘由进行询问。
- 法定代理人陈述自己的身份事项。
- 审判长宣布庭审依据并告知当事人享有的诉讼权利，并且询问被告是否需要回避。

（2） 法庭调查阶段。

- 公诉人宣读起诉书。
- 审判长依据起诉书内容对犯罪事实进行核实。
- 公诉人对起诉书指控的事实进行询问。
- 代理人对起诉书指控的事实进行询问。
- 辩护人对起诉书指控的事实进行询问。
- 公诉人与被告人对与案件相关的证人证言证物进行举证质证。

（3） 法庭辩护阶段。

- 公诉人就定罪部分发表公诉意见。
- 被告人就定罪部分进行自行辩护。
- 代理人、辩护人分别就定罪部分发表辩护意见。
- 公诉人就量刑部分发表意见。
- 被告指定人就量刑部分进行答辩。
- 法定代理人、指定辩护人分别就量刑部分进行答辩。

（4） 被告人最后陈诉及合议阶段。

- 被告人进行最后陈诉。
- 审判长宣布休庭。
- 合议庭合议。

（5） 宣判结论。

审判长宣读判决结果，并询问被告及被告代理人是否服判、是否上诉。

（6） 法庭教育阶段。

- 公诉人对被告进行法庭教育。
- 法定代理人对被告进行法庭教育。
- 指定辩护人对被告进行法庭教育。
- 审判长对被告进行法庭教育。
- 被告自我反省。
- 书记员宣布退庭。

6. **各组代表总结收获**

7. 评价总结

（1）学生评价。

如表 2-8 所示。

表 2-8　学生评价

活动环节	评价内容				
	积极参与 10 分	团队合作 10 分	富有创新 10 分	获得成果 10 分	享受快乐 10 分
主题确定					
活动过程					
成果展示					
反思交流					

（2）教师对学生的表现进行评价。

（3）教师围绕活动主题进行总结。

2.4.4　求索

1. 阅读资料

人民网北京 2019 年 06 月 05 日电：今天是第 48 个世界环境日，北京市检察机关三级检察院以"检察公益诉讼你我携手同行"为主题，共同开展公益诉讼集中宣传活动，介绍公益诉讼职能，传递公益保护理念，凝聚公益诉讼合力。活动中，检察机关在全市多个公园和景区向群众讲解公益诉讼知识、发放宣传资料，并通过趣味问答等生动活泼的形式与群众互动交流。

北京市检察院党组成员、副检察长焦慧强介绍，公益诉讼是检察机关的新增职能，也是一项新生事物。在北京市检察机关设立公益诉讼检察专门部门或者办案组不久，我们开展这次集中宣传活动，为的是让群众了解检察公益诉讼职能、参与公共利益保护、共建美好家园。之所以选在"世界环境日"这一天，是因为保护生态环境正是检察公益诉讼的重要内容，是检察机关依法履行公益诉讼职责的应有之义务。在此特殊的时间节点，检察机关积极回应群众对美好生态环境、维护公共利益的新需求新期待，引导社会公众参与到检察公益诉讼工作中来，有利于形成全社会保护公益的良好氛围，推动检察公益诉讼工作更好发展。

公益诉讼是指对损害国家利益或者社会公共利益的违法行为，由法律规定的国家机关或组织向人民法院提起诉讼的制度。检察机关提起公益诉讼，是党中央全面推进依法治国、推进国家治理体系和治理能力现代化的一项重大改革举措，是法律赋予检察机关的一项重要职责。根据相关法律规定，发现在以下 5 大领域中出现侵害国家利益或者社会公共利益的违法行为，检察机关可以依法开展检察公益诉讼工作：生态环境和资源保护、食品药品

安全、国有土地使用权出让、国有财产保护、英雄烈士保护。

如图 2-5 和图 2-6 所示。

图 2-5　北京市检察机关开展公益诉讼集中宣传活动

图 2-6　宣传公益诉讼

据悉，自 2015 年 7 月开展公益诉讼试点工作以来至 2018 年年底，北京市检察机关共收集公益案件线索 745 件，办理诉前程序案件 298 件，提起公益诉讼 23 件。通过具体案件

办理，全市检察机关共保护耕地、林地、湿地等各类土地 600 余亩。督促拆除违法建筑约 5.7 万平米、平整恢复土地 230 亩、清理污染和非法占用河道 10 余公里；督促关停和整治违法企业 73 家、清除处理违法堆放的生活垃圾及固体废物 77.5 万吨、6 万立方米。法院判决民事公益诉讼被告承担环境修复费用 900 余万元，督促保护、收回国家所有财产和权益价 7 200 余万元。全市检察机关先后部署开展环境资源保护、涉食品药品安全领域、英雄烈士保护、网络餐饮食品安全、"保障千家万户舌尖上的安全"等公益诉讼专项监督活动，办理了一批公益诉讼案件。

北京市人民检察院已将"纵深推进公益诉讼检察工作"作为 2019 年全市检察机关"三项重点工作"之一，下一步全市检察机关将牢牢把握公益保护这一核心，积极履行检察公益诉讼职责，与首都人民群众一道共同助力北京国际一流的和谐宜居之都建设。

责编：尹深、孝金波

2. 观看视频

（1）《百家讲坛》：社会主义核心价值观——法治。

法治是迄今为止，人类探索总结出来的最为有效的治理方式。其最好状态是让法治制约权力，让权力在阳光下运行。

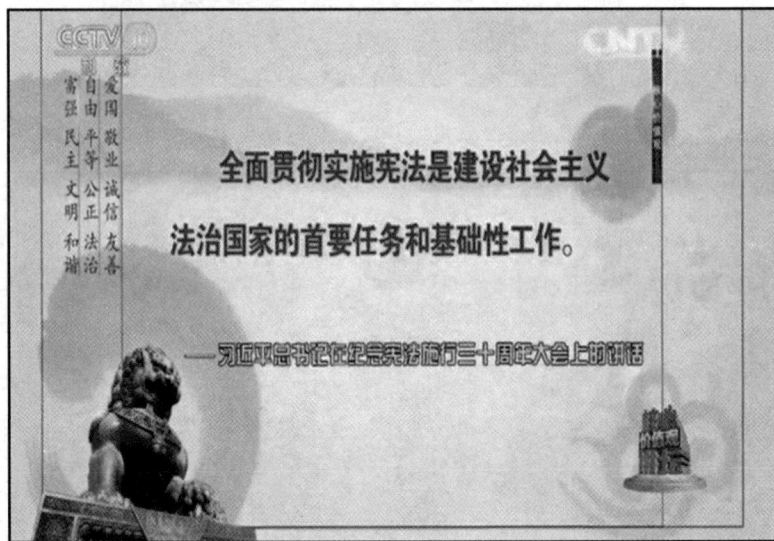

视频 2-8　《百家讲坛》：社会主义核心价值观——法治

请回答如下问题：

• 怎样理解"法无禁止即可为"这句话？
• "中国式过马路"是正确的吗？

（2）《我们的价值观》：社会主义核心价值观之法治。

孟子说："不以规矩，不能成方圆。"通过视频中的小案例，我们能更具体地感受法治的力量，做到知法守法用法。

视频 2-9 《我们的价值观》：社会主义核心价值观之法治

请回答如下问题：

- 上面的视频中哪里体现了法治的严谨性？
- 视频中遇到盗窃事件时，正确的处理方式是什么？
- 生活中与同学发生了矛盾，正确的处理方法是什么？

（3） 《法治中国》。

《法治中国》紧紧围绕习近平总书记系列重要讲话精神和治国理政的新理念、新思想、新战略，全景式反映党的十八大以来以习近平同志为核心的党中央高瞻远瞩、审时度势、统筹谋划，坚持和拓展中国特色社会主义法治道路，将法治确立为治国理政的基本方式，把全面依法治国纳入"四个全面"战略布局，在新的历史起点上全面推进法治中国建设的伟大征程。

视频 2-10 《法治中国》

73

请回答如下问题：
- 通过观看视频，你认为法治对国家建设有着怎样的意义？
- 通过观看视频，你认为表达诉求的正确途径是什么？

3. **歌曲**

成长在法治的阳光下

作词：葛　逊
作曲：吴小平

大海是小溪的向往，
蓝天是小鸟的天堂。
我们是幸福的花朵，
沐浴着法治的阳光。
法律进学校，
春风满心灵。
雨露润绿色，
桃李正芬芳。
我们快乐，
我们成长。
与春天同行，
放飞梦想，
扬帆远航。
云霞是太阳的微笑，
小树是明天的栋梁。
我们是祖国的未来，
拥抱着法治的阳光。
法治在心中，
长路向远方。
畅想美如画，
神采正飞扬。
我们舞动，
我们歌唱。
与时代同行，
扬帆远航，
扬帆远航。

结合歌词内容，请思考生活中可以通过怎样的行为体现法治理念？

第3章

个 人 层 面

3.1 爱国：一片丹心图报国，两行清泪为忠家

3.1.1 吟诵

吟诵如下。

（1）一个人只要钟爱自我的祖国，有一颗爱国之心，就什么事情都能解决。什么苦楚，什么冤屈都受得了。

——冰心

（2）一片丹心图报国，两行清泪为忠家。

（释义：我一颗赤心渴望着报效国家，身在他乡，思念亲人又不禁使我双眼泪流成行。）

——于谦

（3）苟利国家生死以，岂因祸福避趋之。

（释义：只要对国家有利，即使牺牲自己生命也心甘情愿，绝不会因为自己可能受到祸害而躲开。）

——林则徐

（4）英雄非无泪，不洒敌人前。男儿七尺躯，愿为祖国捐。

（释义：英雄并不是没有眼泪，而是不在敌人面前流。堂堂七尺男儿，愿意为国家献身。）

——陈辉

（5）　天下兴亡，匹夫有责。

（释义：国家的兴盛或衰亡，每个普通人都有一份责任。）

——顾炎武

（6）　丈夫所志在经国，期使四海皆衽席。

（释义：大丈夫志在把整个国家治理好，希望天下的人都能够过上安居乐业的生活。）

——海瑞

（7）　先天下之忧而忧，后天下之乐而乐。

（释义：在天下人忧愁之前先忧愁，在天下人快乐之后才快乐。）

——范仲淹

（8）　祖国如有难，汝应作前锋。

（释义：祖国有了灾难，你们应该冲锋在前！）

——陈毅

（9）　我是国家培养出来的，从来没觉得我和祖国分开过，我的归宿在中国。

——黄大年

（10）　风声雨声读书声声声入耳，家事国事天下事事事关心。

（释义：校园里，无论是周围环境的声音还是读书的声音都很好听。表示学生要好好读书。但是光读好书对一个读书人来说是不够的，小到家事，大到国家大事，都要关心。）

——顾宪成

3.1.2　品鉴

　　"一片丹心图报国，两行清泪为忠家"描述了明代著名民族英雄于谦的一颗赤心渴望报效国家的热情，其身在他乡又十分思念亲人暗然落泪的心情。

　　于谦，字廷益，号节庵，浙江钱塘（今杭州）人，明代著名清官、民族英雄。明朝永乐年间进士，曾巡按江西，巡抚河南、山西，政绩卓著。正统十四年（1449），蒙古族瓦剌部入侵发生土木之变。明英宗被俘，明王朝危在旦息。于谦临危受命，任兵部尚书。提出"社稷为重君为轻"主张，力阻南迁。亲自指挥数十万军民进行了名扬青史的北京保卫战。击退瓦剌，挽狂澜于既倒，在中国历史上抒写了壮烈辉煌的一页。于谦加封少保，总督军务。在中国古代传统道德思想中，提倡"公忠"，侧重于为民族、为国家的爱国主义思想。公忠不仅是一种爱国思想，也是个人的修身之道。古代伟大的爱国诗人屈原爱祖国、爱人民、坚持真理、宁死不屈的爱国精神及其"与日争光"的巍巍人格，至今仍激励着中华儿女报效祖国。"苟利国家生死以，岂因祸福避趋之""天下兴亡，匹夫有责""寄意寒星荃不察，我以我血荐轩辕"等，这些先人用语言、行动，甚至生命向后人阐释了人生价值的真正意义所在，那就是只有具备高尚的爱国主义情操和行动，才能提升和实现人生价值。我们要不断培育爱国主义情感，内化为一种自我修养。这是我们走入社会，实现个人价值和提升个人价值的需要。

爱国不能停留在口头上，要在行动中得到体现。这是一个崇高而神圣的字眼，是世界各国永恒的主题，是文明社会不变的价值追求。在我国爱国更是社会主义核心价值观的核心，是每个公民的义务和责任。习近平总书记指出，要大力弘扬爱国主义精神，把爱国主义教育作为永恒主题。以理服人、以文化人、以情感人，生动传播爱国主义精神，唱响爱国主义主旋律，让爱国主义精神在广大青少年学生心中牢牢扎根。教育部党组印发《关于教育系统深入开展爱国主义教育的实施意见》，要求把爱国主义教育贯穿国民教育全过程，丰富教育内容、创新途径方式、增强教育效果。

我们吟诵的 10 条名言警句传递了从古至今的一些名人如何表达爱国情怀的，爱国是我们的核心要素和第一位的价值观，是作为公民的一项基本义务和美德，具有鲜明的时代特性。只有继续把爱国作为不可须臾离弃的价值观，贯穿于民族复兴整个历史过程，才能不断"增强各族群众对伟大祖国的认同、对中华民族的认同、对中华文化的认同、对中国特色社会主义道路的认同"，朝着"富强、民主、文明、和谐"的理想迈进。

如果没有强大的国家，怎么会有我们今天的幸福生活？我们有什么理由不热爱自己的国家呢？

只有树立爱国的社会价值观，保障每个社会个体的权利，保证青年学生的健康成长，促进社会的进步，才能使得中国的未来社会具有正确的价值取向。

3.1.3 自省

爱国主题活动

1. 确定主题

通过组织这次爱国主义教育主题活动"我的祖国"，帮助学生了解祖国的过去，认识祖国的现在，展望祖国的未来，激发民族自豪感。

2. 活动方案

如表 3-1 所示。

表 3-1 活动方案

活动主题			
班级	组长		指导教师
小组成员分工			
序　号	任　务		成　员
1	收集爱国歌曲		

序　号	任　　务	成　员
2	准备英雄故事	
3	了解祖国近十年来的成就	
4	搜集祖国历史上曾经有过的辉煌文明和成就	

3. 实施过程

（1）整队、唱国歌，宣布活动开始。

（2）讲述英雄故事。

（3）歌咏比赛——爱国歌曲大 PK，按组进行，以对歌的形式分别唱爱国歌曲。看看哪个组唱得多，唱得好。

（4）"祖国知识知多少"竞赛。

我们伟大的祖国有纵贯五千年岁月的悠久历史，有纵横 960 万平方千米的大好河山。这些我们又知道多少？由主持人出题，各小组抢答的形式进行小组间的竞赛。竞赛结束，成绩落后的小组为同学们唱一支歌。

（5）班主任老师小结，齐唱"我和我的祖国"。

热爱祖国不是一句口号，也不是一次主题活动能全部体现的，而更多地体现在我们日常生活中的爱父母、爱老师、爱同学、爱班级、爱学校，学会分享、勇于承担、敢于担当。无论身在何处，我们不能忘记自己是中国人，为自己是中国人而感动荣耀。同学们，少年强则国强，祖国人民在期盼着我们，时代赋予的责任和使命，我们能忘记吗？当然不能。那就让我们行动起来，点燃心中的那团火焰，为实现我们中华民族的伟大复兴而努力!再铸我们的民族之魂!

4. 评价总结

（1）学生评价。

如表 3-2 所示。

表 3-2　学生评价

活动环节	评价内容				
	积极参与 10 分	团队合作 10 分	富有创新 10 分	获得成果 10 分	享受快乐 10 分
主题确定					
活动过程					
成果展示					
反思交流					

（2）　教师对学生的表现进行评价。
（3）　教师围绕活动主题进行总结。

3.1.4　求索

1. 阅读资料

感动中国——黄大年：以身许国

黄大年（1958 年 8 月 28 日—2017 年 1 月 8 日），男，广西南宁市人，汉族。国家"千人计划"特聘专家（第 2 批），教育部国家重点学科口引进。曾任吉林大学地球探测科学与技术学院全职教授，从事教学和科研工作。2017 年 1 月 8 日 13 时 38 分，国家"千人计划"专家联谊会第三届执委会委员、副会长黄大年教授因病医治无效在长春逝世，享年 58 岁。2017 年 4 月 28 日，教育部追授黄大年教授"全国优秀教师"荣誉称号。

他是一个至诚无私的爱国者，时刻惦记着养育他成长的这片土地。他的脉搏时刻和祖国一起跳动，祖国是他最大的眷恋！

2009 年 12 月 24 日，黄大年教授走下飞机，迈出了回归祖国的第一步。虽然以前他也多次回国，但这一次意义不同。他辞去了在英国公司的重要职务，挥别了共事多年的科研伙伴。并且说服妻子卖掉了经营多年的两个诊所，留下了还在读书的女儿……回到母校出任吉林大学地球探测科学与技术学院全职教授，开始为我国的航空地球物理事业耕耘、播种。

"为什么回国？"经常有人问他这个问题。

是啊，他为什么回国？在英国奋斗了 18 年，他已拥有了优越的科研条件和高效率的研究团队。他在英国剑桥 ARKeX 航空地球物理公司任高级研究员 12 年，担任过研发部主任、博士生导师、培训官。他带领由牛津和剑桥优秀毕业生组成的团队长期从事海洋和航空快速移动平台高精度地球重力和磁力场探测技术工作，致力将该项高效率探测技术应用于海陆大面积油气和矿产资源勘探民用领域。由其主持研发的许多成果都处于世界领先地位，多数产品已应用于中西方多家石油公司。他也成为航空地球物理研究领域享誉世界的科学家，以及该领域研究的被追赶者。

他的家庭也早已超出了衣食无忧的水平线，位于剑桥大学旁边的花园别墅、宽阔的草坪、豪华的汽车。学医的妻子还开了两家诊所，他已成为少数跻身英国精英阶层的华人之一。这是多少人羡慕的生活，也是多少人奋斗的目标。舍弃这些回国，到底是为什么呢？

"我爱你，中国，我爱你，中国……"这句歌词或许是最好的答案！

无论身在何处，"我爱你，中国"都是他最喜爱的歌，歌中有他对祖国的深深眷恋："回国的根源就是情结问题，我惦记着养育我成长的这片土地。"这是一个朴实而简洁的答案。

追溯他的成长历程，会发现对祖国的爱一直都是其最深的情结。

"振兴中华，乃我辈之责!"1982 年 1 月，他在大学同学毕业纪念册上的留言就已表明了爱国报国的心志。

黄大年 1958 年 8 月出生在广西省南宁市一个知识分子家庭，从小就充满了对知识的渴望。读小学时随父母下放到桂东南六万大山里的一个小山村，高中毕业后 17 岁的黄大年考到地质队工作。作为物探操作员，他首次接触到了航空地球物理，并深深地爱上了这个职业。1977 年国家恢复高考，黄大年以优异的成绩考入长春地质学院（现吉林大学朝阳校区），从此与地球物理结下了一生的缘分。他先后完成了本科与硕士研究生的学业，并留校任教，破格晋升为副教授。1992 年，黄大年得到了全国仅有的 30 个公派出国名额中的一个，在"中英友好奖学金项目"全额资助下，被选送至英国攻读博士学位。1996 年，他以排名第一的成绩获得英国利兹大学地球物理学博士学位。黄大年回国报到后不久，又被派往英国继续从事针对水下隐伏目标和深水油气的高精度探测技术研究工作，成为当时从事该行业高科技敏感技术研究的少数华人之一。

一些老教师还记得当年送别黄大年时，他曾经深情地说："我一定会回来的。"黄大年没有对师长食言，他更没有辜负父母的教诲。

2004 年 3 月 20 日晚，他正在大西洋深水处与美国某公司开展技术攻关研究，却接到辗转而来的父亲离世前最后一通电话："儿子，估计我们见不到最后一面了，我能理解你的处境。你要记住，你可以不孝，但不可不忠，你是有祖国的人!"两年后，母亲离世前给他留下的依然是这句话。父母的教诲给出了黄大年一生中几乎所有抉择的答案——祖国高于一切!

海漂的 18 年，黄大年的心和祖国一直连在一起。他关注祖国科技事业的发展，惦念着母校。无论是参加学术会议还是讲学，他招之即来。"对我而言，我从未和祖国分开过。只要祖国需要，我必全力以赴!"

2009 年 4 月，当吉林大学地球探测科学与技术学院院长刘财把国家"千人计划"（即"海外高层次人才引进计划"）有关材料试探性地发送给黄大年时，让他没想到的是黄大年第一时间就把电话打了回来，并明确表示要认真考虑回国。

听到祖国的召唤，黄大年心潮澎湃。那朝思暮想的祖国啊，那片魂牵梦绕的土地啊，那些血脉相连的亲人啊，一瞬间占据了他的脑海。回家!一定要回家!

但当这一刻真的来临时，对谁都会是一种煎熬。团队里伙伴不舍地抱着他恳切地挽留，而最触动他的一幕是妻子在卖掉自己苦心经营的两个诊所那天失声痛哭，"她是学医的，那是她一辈子的梦想"。面对黄大年的祖国梦，妻子放下了个人的梦想。

黄大年后来回忆说，离开英国更像是一场落荒而逃，"诊所里的药堆满了车库，车都扔在了停车场，什么都不管了。""必须立刻走，我怕再多待一天都有可能改变主意。"

"回想当初的选择，我没有后悔过。"这是黄大年常说的话，"为国担当，是父母从小的教诲。我是国家培养出来的，我的归宿在中国。"2009 年 12 月 30 日，回国后的第 6 天黄大年就与吉林大学正式签下全职教授合同，成为第一批回到东北发展的国家"千人计划"专家。

从英国回来，他失去了太多太多。但回到祖国母亲身边，他就像希腊神话中的安泰站在大地上一般，拥有无穷的力量和豪情。"从海漂到海归一晃 18 年，得益于国家的强大。

在各国才子强强碰撞的群雄逐鹿中,几乎从未败过!有理由相信,回归到具备雄厚实力的母校,一定能实现壮校情、强国梦。"这是黄大年在微信朋友圈有感而发的一段话。

2. 观看视频

(1) 电影《战狼2》。

故事发生在非洲附近的大海上,主人公冷锋遭遇人生滑铁卢,被"开除军籍"。一场突如其来的意外打破了他的计划,突然被卷入了一场非洲国家叛乱。本可以安全撤离,却因无法忘记曾经为军人的使命,孤身犯险冲回沦陷区,带领身陷屠杀中的同胞和难民展开了生死逃亡。随着斗争的持续,体内的狼性逐渐复苏,最终孤身闯入战乱区域为同胞而战斗。

视频 3-1 电影《战狼 2》

请思考原战狼中队特种兵,因打死拆迁头子被开除,后远赴非洲的冷锋是如何展现热爱自己的祖国的?

(2) 电影《厉害了我的国》。

影片中拥有大量壮观恢弘的大规模航拍镜头,人类历史上最大的射电望远镜 FAST、全球最大的海上钻井平台"蓝鲸2号"、玛旁雍错上迁徙的羚羊等一一亮相,从圆梦工程、科技创新、绿色中国等多角度展现了我国的大国风采;除此之外,影片还记录下了中国桥、中国路、中国车、中国港、中国网等超级工程的震撼影像,以及背后的故事。在彰显国家实力的同时,也体现了国人不畏艰险、埋头苦干、开拓进取的美好情操,才得以缔造出一个又一个的"中国奇迹"。

视频 3-2　电影《厉害了我的国》

思考我能为国家做些什么？

3.2　敬业：敬业乐群

3.2.1　吟诵

吟诵如下。

（1）当你服务他人的时候，人生不再是毫无意义的。

——葛登纳

（2）敬业乐群。

（释义：指对自己的事业很尽职，和朋友相处很融洽）

——《礼记》

（3）世界上没有卑贱的职业，只有卑贱的人。

——林肯

（4）凡事都要脚踏实地去做，不驰于空想，不骛于虚声，而唯以求真的态度做踏实的工夫。

（释义：九层之台，起于累土。要把这个蓝图变为现实，必须不驰于空想、不骛于虚声。一步一个脚印，踏踏实实干好工作。）

——李大钊

（5）不论从事哪种职业，走向成功的第一步就是必须对这种职业感兴趣。

——欧斯拉

（6） 人生在世是短暂的，对这短暂的人生，我们最好的报答就是工作。

——爱迪生

（7） 春蚕到死丝方尽，蜡炬成灰泪始干。

（释义：春蚕结茧到死时丝才吐完，蜡烛要燃尽成灰时像泪一样的蜡油才能滴干。）

——李商隐

（8） 粉身碎骨全不怕，要留清白在人间。

——于谦

（9） 抱着一颗正直的心，专心致志干事业的人，他一定会完成许多事业。

——赫尔岑

（10） 贝壳虽然死了，却把它的美丽留给了整个世界。

——张笑天

3.2.2 品鉴

　　敬业是指专心致力于学业或工作，是一个道德的范畴，是一个人对自己所从事的工作负责的态度。其中既包括精神层面的内涵，也包括务实层面的要求。敬业就意味着热爱、看重自己所从事的工作，并将这种自豪转化成工作的动力，以及对生活、集体和国家的热爱。一个伟大的民族是由无数个忠于职守、品格高尚的个体组成的，国民能否兢兢业业、一丝不苟地干好本职工作，不仅关系到自身生存发展，也决定着整个国家的健康发展。所以敬业是对公民的基本职业要求，也是爱国在工作生活中的具体体现。习近平总书记说过"建设知识型、技能型、创新型"劳动者大军，弘扬劳模精神和工匠精神，营造劳动光荣的社会风尚和精益求精的敬业风气。

　　我们吟诵的 10 条名言警句，实际上传递了从古至今的一些名人的敬业精神。中职生的敬业精神需要在学校管理中养成敬业意识，在班级管理中培养自己的敬业行为，从教学学习中强化敬业精神，在走上工作岗位前就应养成良好的敬业意识。我们之所以要敬业，是因为国家的发展与社会的进步、团队事业的成功与组织目标的实现、个人作为与价值的实现，都有赖于此。就我国而言，我们的社会主义事业是需要全国各族人民共同为之奋斗的历史伟业。这个伟业是由各个不同的具体行业和职业组成的有机统一整体，每个人都在自己特定的岗位上通过特定的职业活动来为这个伟业服务。在当代，中华民族要实现伟大复兴的梦想，同样需要艰苦奋斗，需要勤奋敬业，需要拼搏奉献。敬业就是要求我们每个人敬重自己的职业，培育强烈的责任心与使命感，要求我们每个人都爱岗、尽责、专注、钻研和奉献。用最简单的话来说，就是眼光要长远，工作要勤奋，勤奋要持续。

　　今天，我们能在这美丽的校园里读书，就要树立敬业的社会价值观。学校保障了每个学生个体的权利，保证了他们的健康成长，并且促进了社会的进步，使得中国的未来社会具有正确的价值取向。

3.2.3 自省

岗位教育。

1. 确定主题

此时恰逢每年一次学生顶岗实习的开始，有些学生离开学习近两年的校园走上工作岗位。在陌生的工作环境中有些人如鱼得水，崭露头角，顺利地与企业签定了劳动用工协议，这就映射出其良好的职业道德和职业习惯；也有一些同学散漫随意、工作拖沓、得过且过，因而被企业遣送回学校。希望通过本次活动让学生加强个人修养，提升自身水平。从而培养自己的敬业意识，避免重蹈某些同学的覆辙，为不久的就业顶岗实习奠定坚实的基础。

2. 活动方案

如表 3-3 所示。

表 3-3　活动方案

活动主题				
班级		组长	指导教师	
小组成员分工				
序　号	任　务			成　员
1	岗位名称 劳动质量标准 劳动时长			
2	岗位名称 劳动质量标准 劳动时长			
3	岗位名称 劳动质量标准 劳动时长			

3. **实施过程**

（1）教师讲述劳动意识、工作作风、敬业精神、团队合作等职业品行的重要性。

（2）教师讲述在劳动教育和实践中应掌握的劳动技能、积累的劳动经验、提升的劳动能力，要求学生培养与加强岗位群所需要的职业素养和道德品质，并真正懂得感恩，学会敬业和珍惜工作。

（3）教师观察劳动岗位教育班级的劳动情况，了解劳动岗位的数量、岗位的劳动要求、岗位的劳动质量评价标准、岗位人数及分工、劳动时长等，并且将观察情况记录下来。

（4）教师巡回指导。

4. **评价总结**

（1）学生评价

如表3-4所示。

表3-4　学生评价

活动环节	评价内容				
	积极参与 10分	团队合作 10分	富有创新 10分	获得成果 10分	享受快乐 10分
主题确定					
活动过程					
成果展示					
反思交流					

（2）教师对学生的表现进行评价。

（3）教师围绕活动主题进行总结。

3.2.4　求索

1. **阅读资料**

著名肝胆外科专家吴孟超

吴孟超，著名肝胆外科专家，中国科学院院士。他最先提出中国人肝脏解剖"五叶四段"理论，在国内率先突破肝叶手术禁区，成为中国肝脏外科的开拓者和主要创始人。2005年，吴孟超获国家最高科学技术奖。2011年，国际小行星中心将17606号小行星永久命名为"吴孟超星"。

这是个近乎神奇的人，他仿佛就是为了战胜侵害人类生命的肝癌而来到这个世界。至今，他已经做了1.4万余例肝脏手术。令人惊叹的数据还有其中肝癌切除手术9300多例，成功率达到98.5%，有近30%的患者已活过了10年。如果肝癌手术后复发，人们会觉得不

85

好办了。在他这里，经其初次手术和复发后再手术的肝癌患者生存时间最长者已有 45 年。患者今已 82 岁，仍然健在。这些成就对于人类与肝癌的搏斗，无疑是巨大鼓舞。在他出生的时候，还没有一个中国医生做过一例成功的肝脏外科手术。1960 年，吴孟超打破了这个零记录，成为中国第一个主刀成功施行了肝脏手术的外科医生，这年他 38 岁。

吴孟超有一双神奇的手，比一般人的手要小，显得精致而灵巧。他青年时期曾下放到黄土高原搞医疗，也经历过知识分子都要参加的劳动。那是个讲究手里有老茧才光荣的年代，吴孟超劳动时总戴着手套，防止长茧。这在那时不免要带来麻烦，但他认为自己这双手是上苍要他给病人做手术的，所以一直小心翼翼地保护自己那双比女人更加细皮嫩肉的手。没有一点儿茧的手，才能更敏锐地感觉到病人肝脏内部的微妙信息。人们通常以为打开腹腔做手术，是看着做的。其实不尽然，有些肿瘤长在肝叶重叠的深处，眼睛看不见。配合吴孟超做手术的护士说，他的手指上长着眼睛。因为他做手术有时并不看腹腔，而是举头或闭目。他的手在患者腹腔内探索，谁也看不见那手在里面做什么，却见他忽然就把肿瘤摘出来了。他今年已 90 高龄，仍然在做手术，最多时一天要做 3 台。这是真的，我目睹了他仍在主刀手术的全过程。他平日握笔的手有些儿微微颤抖，但只要一握住手术刀就不抖了。

吴孟超生于福建省闽清县白樟乡后垄村，小村山清水秀。但田地少，种粮不够吃，他的父亲在他 3 岁那年就"下南洋"谋出路去了。5 岁时，他随母亲去投奔在马来西亚做工的父亲。家里穷，父母只供得起这个矮小的孩子读书。不料他书念得非常好，读完初中，当地没有高中，父母决心送他去英国继续读书。这是指望他将来长了学问改变一家人的命运，可是吴孟超却坚持要回国。时值 1940 年，中国正在日寇的铁蹄下遭受蹂躏。日军的飞机炮舰是科技所支撑的，灾难深重的祖国在强烈呼唤着中国读书人学科技。汇聚着中国教育最杰出的教授群体和来自全国各地的读书人，吴孟超与同学们回国到达昆明，一入境就接触到一个为救国而拼命教学的环境。吴孟超深受裘法祖教授的影响和指导，裘法祖获德国慕尼黑大学医学院医学博士学位，在二战中曾挽救了无数德国人的生命。裘法祖的手术做得非常快捷流利，一个多余的动作都没有。乃至以严谨著称的德国人都对他敬佩不已，誉之"当代中国外科之父"。1947 年吴孟超首次听到裘法祖讲课，心受震撼，成为他选择当外科医生的重要因素。1960 年吴孟超主刀实施了中国第一例成功的肝脏肿瘤切除手术，从理论到实践，这标志着中国医生掌握了打开肝脏禁区的钥匙。1963 年，吴孟超就此发明了"常温下间歇性肝门阻断切肝法"，改变了西方沿用已久的传统技术。正是运用这项发明，吴孟超在 1963 年为一位中肝叶生癌的农村妇女成功实施了世界上第一例中肝叶切除手术。只有把技术传播出去，才能挽救更多人的生命。吴孟超自编教材，亲手示范，把新技术毫无保留地教给了来进修的外科医生，带出了 1 000 多名"吴氏刀法"传人。这使中国肝脏外科手术的整体水平得以提升，走到了国际肝脏外科的领先地位。

来源：https://baike.so.com/doc/397841-421213.html

结合案例，请你分析吴孟超的敬业精神体现在哪里。

2. 观看视频

（1） 《百家讲坛》：社会主义核心价值观——敬业。

节目主要内容为如何理解社会主义核心价值观中的敬业。敬业简单来说就是干一行爱一行专一行。敬业究竟具有怎样的现实意义，我们要实现中国梦，实现个人梦，就要从敬业开始。传承中华优秀传统文化基因，寻根社会主义核心价值观，请看社会主义核心价值观讲坛之敬业。

视频 3-3　《百家讲坛》：社会主义核心价值观——敬业

看完视频后讲述一个你身边的爱岗敬业人物的故事。

（2） 2017 年感动中国人物莫振高：最好的校长爸爸。

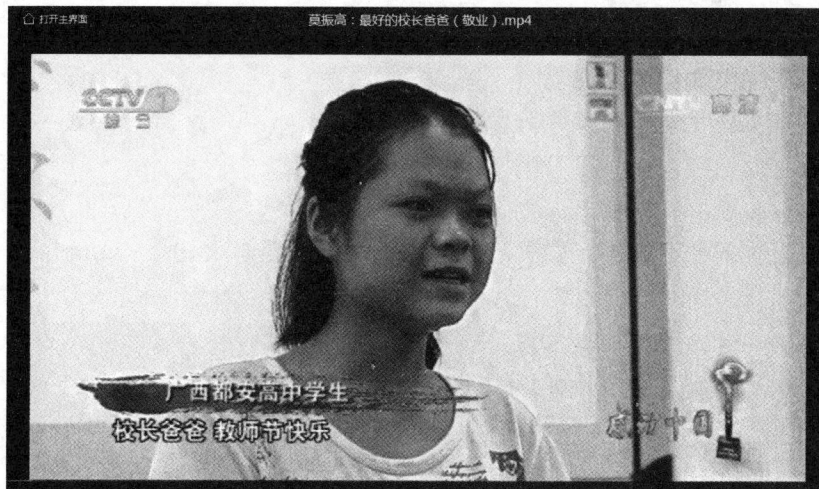

视频 3-4　2017 年感动中国人物莫振高：最好的校长爸爸

通过观看视频，你看到莫振高校长生前做了哪些敬业的事情？

3.3　诚信：言必信，行必果

3.3.1　吟诵

吟诵如下。

（1）　言不信者，行不果。

（释义：言语不诚实的人，做事也不会有成果。）

——墨子

（2）　人背信则名不达。

（释义：个人如果违反了承诺，那么他的名声就得不到传扬。）

——刘向

（3）　诚信为人之本。

（释义：诚信，是做人最基本的原则。）

——鲁迅

（4）　诚者，天之道也；思诚者，人之道也。

（释义：诚实是天道的法则，做到诚实是人道的法则。）

——《孟子·离娄上》

（5）　人之所助者，信也。

（释义：对人最有帮助的是诚实守信。）

——《周易》

（6）　不宝金玉，而忠信以为宝。

（释义：金银玉帛不能作为宝贝，真正的宝贝应该是忠信。）

——《礼记》

（7）　丈夫一言许人，千金不易。

（释义：大丈夫答应人一件事，即使给千金也不会更改。）

——《资治通鉴》

（8）　言必信，行必果。

（释义：说了就一定守信用，做事一定办到。）

——孔子

（9）　人而无信，不知其可也。

（释义：一个人如果不讲信用，真不知道他是否可以成事。）

——孔子

（10）轻诺必寡信，多易必多难。

（释义：轻易许诺必定很少守信用，经常把事情看得很容易必定多遭困难。）

——《老子》

3.3.2 品鉴

"言必信，行必果"是孔子在《论语·子路》中提出来的，意思是说过了的话就一定要守信用，做事一定要想尽办法办到。诚信是个人的立身之本和必备的道德品格，其基本内容是诚实、诚恳、守信。也就是以诚恳待人，靠诚取信于人。诚信不仅是道德的基础和根本，也是一切事业得以成功的保证。只有人人从我做起，让诚信真正根植人心，人与人之间才会更加友善，社会文明才能更进一步。"人与人交往在于言而有信，国与国相处讲究诚信为本"，中共十八大以来，习近平在国内外多个重要场合强调诚信的重要性。

中职生在学校里学习，来自四面八方，有着不同的生活和学习习惯。大家应以诚信明义为基础，以诚信为前提，确立约定。信守承诺，真诚相对。和睦相处，实现自立，做到慎独。求真务实，言行统一，努力营造一个好的学风、班风和舍风。共创团结协作、健康向上、充实美好的中职生活，使自己不断进步，尽快成长为合格的"四有"人才。

我们要加强思想理论教育学习，就是要把马列主义、毛泽东思想、邓小平理论和"三个代表"重要思想的教育与中职生的世界观、人生观和价值观结合起来，树立正确的立场、观点与方法去认识与解决现实问题。牢牢把握住自己诚信选择的方向，结合具体的事例进行诚信教育，提高我们的理论素养。在我们的日常生活中，将解决思想问题，诚信精神渗透到到自己的实际问题中。对遇到的生活、学习和思想压力加重等现象，要有步骤、有计划地解决，不能丢掉诚信这个根本。通过同学之间的思想交换和生活状况交流，学会自我减轻各种压力，正确面对生活挑战，保持乐观、向上、健康的精神状态。并且养成"言必行，行必果"的习惯，从而切实提高诚信的实效性。

历史反复证明，诚信作为公民的一项基本义务和美德，具有鲜明的时代特性。只有继续把诚信作为不可须臾离弃的价值观，贯穿于民族复兴整个历史过程，才能不断"增强各族群众对伟大祖国的认同、对中华民族的认同、对中华文化的认同、对中国特色社会主义道路的认同"，朝着"富强、民主、文明、和谐"的理想迈进。

诚信是宝贵的，许多名人拥有了诚信才获得了成就。

3.3.3 自省

诚信演讲。

3.3.3.1 确定主题

例文：关于诚信的演讲稿。

各位评委老师：

大家下午好，我是 X 技师学院 19 维高 2 班的 XXX，今天我想要和大家一起探讨的题目是诚信。诚信是人生立身之本，是国家立业之本，是人类发展之本。

很多人都听过这样一个故事，有一次曾子的妻子要去赶集，孩子哭闹着也要去。妻子哄孩子说你不要去了，我回来杀猪给你吃。她赶集回来后，看见曾子真要杀猪，连忙上前阻止。曾子说，你欺骗了孩子，孩子就会不信任你。说着就把猪杀了。曾子不欺骗孩子，也培养了孩子讲信用的品德。孔子说过："人而无信，不知其可也。"有个诗人说："三杯吐然诺，五岳倒为轻。"民间说："一言既出，驷马难追。"都极言诚信的重要。几千年来，"一诺千金"的佳话不绝于耳，广为流传。可见诚信自古是中华民族的传统美德，是经过漫长、沉重的生活之浪淘沥而出的赤纯之金。

一位老学者说："诚信和诺言不仅仅是几句话，如果你说了，但是没有做到，那它们就是宣告你将失去美好东西的判决书。"诚信没有重量，却可以让人有鸿毛之轻，可以让人有泰山之重；诚信没有标价，却可以让人的灵魂贬值，可以让人的心灵高贵；诚信没有体积，却可以让人心情灰黯、苍白，可以让人的情绪高昂、愉快。

让我们都做诚信的人，让我们呼唤诚信的春风吹绿每个人的心田。因为诚信是生命中最绚丽的色彩，是我们屹立于天地之间的基石，是茫茫大荒，漠漠古今，那一点浩然正气，千里快哉风!

3.3.3.2　活动方案

如表 3-5 所示。

表 3-5　活动方案

活动主题			
班级	组长		指导教师
小组成员分工			
序　号	任　务		成　员
1	撰写演讲稿		
2	确定演讲选手		
3	协助演讲选手训练		
4	为演讲选手准备服装和化妆		
5	选出一位同学担任评委		

3.3.3.3 参赛要求

参赛要求如下。

（1）演讲内容健康向上，能够紧紧围绕主题，演讲题目自拟。

（2）演讲时间为 3～5 分钟，且使用普通话。

（3）参赛选手按顺序上台，原则上要求脱稿演讲。

3.3.3.4 评委打分和颁奖

1. 评委组成

任课教师、班主任、每组选出的评委。

2. 评分细则

采用 10 分制，评委现场打分。去掉一个最高分和最低分，保留小数点后两位取平均分。

（1）演讲内容：紧扣主题、充实生动（2分）；语言流畅自然，有感召力（2分）；演讲时间不少于 4 分钟、不超过 8 分钟（0.5分）。共计 4.5 分。

（2）演讲能力：普通话流利，发音标准。语调准确，表达流畅（2分）；脱稿演讲（1分）；节奏优美，富有感情，肢体语言使用恰当（1分）。共计 4 分。

（3）综合印象：上下场致意、答谢（0.5分）；服装得体，自然大方，气质佳（0.5分）；听众反映好（0.5分）。共计 1.5 分。

3. 颁奖

本次演讲比赛设一等奖 1 名，二等奖 2 名，三等奖 3 名，优秀奖若干名。

3.3.3.5 评价总结

评价总结如下。

（1）学生评价。

如表 3-6 所示。

表 3-6　学生评价

活动环节	评价内容				
	积极参与 10 分	团队合作 10 分	富有创新 10 分	获得成果 10 分	享受快乐 10 分
主题确定					
活动过程					
成果展示					
反思交流					

（2）教师对学生的表现进行评价。

（3）教师围绕活动主题进行总结。

3.3.4　求索

1. 阅读资料

信义兄弟——孙东林、孙水林

中国网络电视台

言忠信，行笃敬。古老相传的信条，演绎出现代传奇。他们为尊严承诺，为良心奔波，大地上一场悲情接力。雪夜里的好兄弟，只剩下孤独一个。雪落无声，但情义打在地上铿锵有力。

事迹回溯

2010 年 3 月 2 日，正月十七，清晨 5 时许。天空灰蒙阴冷、黯淡无光，仿佛是淤积了太多的阴霾。在这个清冷的早晨，武汉市黄陂区李集街泡桐社区却已是人潮涌动。人们手持鲜花、神情凝重，这是一场自发性的哀悼，为的是送"信义老板"孙水林一家最后一程。

路人："我也跟他干一样的行业，他不差农民工的钱，我是很敬佩的。我今天专程来向他表示敬意，送他一程。"

孙水林和孙东林兄弟俩是湖北人，20 年来兄弟两人一直从事建筑工程行业。按照往年的习惯，春节前，也就是年三十之前，在孙氏兄弟手下干活的农民工兄弟都会到武汉的孙水林家中领一年的工钱。从 1989 年在外承包工程开始，无论遇到多大的困难，20 多年来他们俩从没有违背过这个不成文的约定。

农民工："最迟不超过腊月二十九，腊月二十九一般来算完账都还在他家吃一餐饭。就弄酒大家喝，吃完高高兴兴回家。"

2010 年的 2 月 9 日，那天正是农历腊月二十六。孙水林因为在北京催的款太少，就去天津找弟弟孙东林借钱，好给农民工发工资。孙水林不顾弟弟的劝阻，当天就带着 26 万元现金又匆匆走上返乡的行程。

孙东林："他说得赶紧回家，我说不是说好了嘛，明天早上 5 点钟走嘛。他说不行，那明天就大雪封路就回不了家了。那到时候是大年三十，差工人的钱不合适。"

没想到兄弟二人这一别竟然成为永别，由于高速公路路面结冰，在河南境内的高速路上发生了重大车祸，20 多辆车连环追尾。除了身在武汉上学的二女儿孙云，孙水林夫妇和三个孩子在车祸中全部遇难。

孙东林："把太平间的门一打开，我就一看，看 5 个都是我的一家亲人。当时我到了太平间的外面，外面这么深的雪我就倒在地下，几分钟都没有缓过气来。"

孙东林："看见这我就伤心。"

看着哥哥一家人遭遇了如此劫难，孙东林悲从心生。当他从悲痛中稍稍缓过来之后，他想起哥哥匆忙赶路的初衷，想起在家里等待领工资的农民工兄弟们，而此时已经是腊月二十八了。

孙家亲戚："我们劝他现在不着急，工人账过年以后再算也行嘛，是不是？因为出了这个事吗，他就执意说不行。"

孙东林："不能让人家工人骂咱们哥们儿不地道，人家辛辛苦苦一年，让人家年都过不去。我家过不去，也就我一家了。再一个，不能让我哥哥还来生债。因为我哥哥那天腊月二十六赶回来，就是为了发工资。"

此时在车祸现场的孙东林一边跟交警协商节后事故处理的相关事宜，一边又打电话回家安抚父母。随即拿上在哥哥车上找到的 26 万元现金连夜往老家赶，在农历腊月二十九早上到家见到父母之后，他也不敢说出全部实情。只是告诉老人哥哥一家出了车祸，而嫂子和孩子都留在医院处理后事。之后孙东林没有时间再去安慰父母，他要兑现哥哥的承诺，把工资发给农民工。

农民工："我说那就不用了，我还拿什么工资啊！他一家 5 口就这样走了，我觉得太惨了，我还要什么钱呢。"

俗话说人死账烂，等待发工资的 60 多位农民工心里都对这笔工钱大多不报什么希望了。

农民工："那些人还在的老板，他就是想不给你钱或者少给你钱，他们都有各种理由来扣工钱。现在他们一家人都没有了，你找谁要钱去？"

一定要替哥哥发工钱，可是哥哥孙水林的账单已经在车祸中遗失。在没有任何凭据的情况下，弟弟孙东林不知道每人究竟该发多少钱，甚至不知道该给谁发钱。

孙东林："你们凭良心报，你们报多少我给多少。你们也不能昧着良心，我也不黑良心，咱们就来个良心账。"

农民工："那时候差我一万块钱，到最后算账我说那个钱就别慌了算啥啊，我说那给5 000 得了。他说不行，该给多少就是多少，不能差人家账。"

农民工："往年他家里热热闹闹得像过年一样，说的说笑的笑。今年全都是一种悲伤，全都是悲伤，都低着头。"

农民工："当时我是第一个最先领到工资的，我都不相信，挺意外。当我把这个钱拿到手的时候，我的手都还在颤抖。"

腊月二十九的当天下午，26 万元现金全部发完了。可是还有一些农民工没有领到工资，总共还有 7 万多元的缺口，于是孙东林拿出自己 6 万多元的积蓄。还沉浸在丧子之痛的老母亲也拿出了 1 万元养老钱，总共发放了 33.6 万元。到腊月二十九晚上 8 点，农民工的工资全部兑现。

这个总数跟哥哥孙水林生前所说的数目相差不多。

孙东林："我就把孙云抱着，就是我哥哥的二闺女。我说孙云我们可以告诉你爸爸了，现在咱们家不差钱了。我说我们俩现在到二楼楼顶可以对外大声宣布你爸爸走了，20 年来，我们不欠谁一分钱，到现在也不欠。"

孙云:"爸爸,我们过来给你送行,你们莫担心我。"

诚信大于天、诺言比金贵。20 年来,孙水林用时间证明着诚信。在他罹难之后弟弟孙东林继续用实际行动兑现了哥哥当初的承诺,即新年不欠旧年薪,今生不欠来生债。

2. 观看视频

(1) 观看《感动中国——信义兄弟——孙东林、孙水林》。

视频 3-4　《感动中国——信义兄弟——孙东林、孙水林》

思考如果没有诚信,我们生活将变得怎么样?

(2) 观看社会主义核心价值观微电影《诚信的较量》。

视频 3-5　微电影《诚信的较量》

思考一个人如果没有诚信,会怎么样?

3.4 友善：善气迎人，亲如弟兄

3.4.1 吟诵

吟诵如下。

（1）要做一个在寒天送炭，在痛苦中送安慰的人。

——巴金

（2）生活中的善越多，生活本身的情趣也越多。二者水乳交融，相辅相成。

——托尔斯泰

（3）一支小小的蜡烛，它的光照耀得多么远！一件善事也正像这支蜡烛一样，在这罪恶的世界上发出广大的光辉。

——莎士比亚

（4）仁人无敌于天下。

（释义：仁爱的人无敌于天下。）

——孟子

（5）世界上最宽阔的东西是海洋，比海洋更宽阔的是天空，比天空更宽阔的是人的胸怀。

——雨果

（6）功利是一部机器的目的和检验机器价值的根据，而善良只是人的目的和意愿。

——泰戈尔

（7）不能用温情征服对方的人，用殴打也征服不了对方。

——契诃夫

（8）有朋自远方来，不亦乐乎？人不知而不愠，不亦君子乎？

（释义：有志同道合的人从远方来，不也很高兴吗？别人不了解我，但我不生气，不也是道德上有修养的人吗？）

——《论语·学而》

（9）爱人者，人恒爱之。敬人者，人恒敬之。

（释义：爱人的人别人总是爱他，尊敬别人别人总是尊敬他。你怎样对待别人，别人也往往会用同样的态度对待你。要想受人敬爱，必须敬爱他人。）

——《孟子·离娄下》

（10）善气迎人，亲如弟兄；恶气迎人，害于戈兵。

（释义：善气迎人，相亲如同兄弟；恶气迎人，相害如同刀兵。）

——管仲

3.4.2 品鉴

友善是中华民族的传统美德之一，它包含善待亲友、他人、社会、自然等。善待亲人可以和谐家庭关系；善待朋友，善待他人，可以和谐人际关系；善待自然可以形成和谐的生态关系。友善是维系人际关系的道德要求，是各阶层各行业都应该积极倡导的具有基础性和普适性特点的价值观。只有在日常生活中倡导并保留一份友善之情，发扬友善互助的精神，人间才能充满更多的真情，社会才会更加和谐。

友善是人与人之间真诚相待、谦让和善的精神状态，从这一意义上说，它与诚信有着密切的关系。中国是礼仪之邦，在对待外人、亲朋方面都强调以礼待人。在当代社会，不管是对于社会公德、职业道德还是家庭美德而言，友善都是具有根本性的交际准则。它既是社会主义精神文明建设的标尺，也是维护市场经济秩序，甚至是社会和谐的重要道德保障，因此友善之于社会主义核心价值观具有重要意义。

友善有助于建立良好的个人关系，随着人们活动范围的扩大，传统的以血缘关系为主的社会关系逐渐淡化。我们需要更多地与陌生人交流、相处，友善成为联系社会成员的价值纽带。

友善有助于改善社会不良风气，在增进公民情感、发挥社会凝聚力的同时有助于人们在行使公民权利的过程中意识到自我行为的社会意义，这是消除不良社会现象、化解社会暴戾之气的根本途径。

友善有助于凝聚社会各阶层的力量，维护社会的稳定。社会发展所带来的变化和问题势必导致社会心态的波动，改革开放以来，我国经济发展取得了令人瞩目的成就。但由于我国经济结构及各项制度尚在调整和完善之中，加之人们在天赋、能力、受教育程度等方面的差别，所以客观上造成社会群体的分化。在这种背景下，人们的社会心态在某些领域出现了失衡的现象，如仇富心理、仇官心理，以及在财富面前的浮躁情绪等。社会心态失衡的主要原因固然是这些阶层的部分成员为非作歹、傲慢无礼，但是各个阶层之间缺乏正常的理解与沟通也是不容忽视的原因。树立友善价值观，从个人层面，能够帮助人们以阳光心态看待其他公民，从积极的角度肯定他人、尊重他人；在群体层面，友善价值观能够让人们在群体之间传递友爱的信息，并且在实质层面予以相互帮助。

作为中职院校的学生，友善应该环绕在我们身边。对家长、老师、同学都应该遵守友善的原则，践行社会主义友善价值观。

在我们的校园生活中，同学们之间朝夕相处，存在相互交往和联系。平等团结，友爱相助是青少年学生道德规范的重要内容之一。要培养具有良好道德素质的青年学生，就应该教育他们平等团结、友爱相处，促进之间的友谊。平等这一概念的意义很广，有政治上的平等、文化上的平等、经济上的平等，这里指的是道德意义上的平等待人。平等待人这一道德规范的要求是在平时的生活和人际交往中，不管彼此之间的社会地位、生活条件、文化素质等方面的条件有多大差别，都应一视同仁，平等相待。

　　团结是人际关系中为了实现共同目标、共同利益或完成共同任务而形成的联合。为了把我们的国家建设成富强、民主，文明的现代化强国，我们不仅需要有中国共产党的团结，而且需要有中国共产党与各民主党派的团结、全国人民的团结、各民族的团结，以及青少年学生的团结。做到思想上精诚团结，工作学习中同心同德，感情上真挚友好，生活上友爱互助。

　　友善就是要求人与人之间在共同理想的支配下，互相之间以朋友相待，做到互相信任、互相理解、互相爱护。要培养青少年学生达到平等、团结、友善、互助的道德规范要求，要尊重每一个人的合法权益和人格尊严，促进相互团结。

3.4.3　自省

在友善中快乐成长。

1. 确定主题

（1）　通过游戏使同学们感受班级的友善氛围。

（2）　在游戏互动中感受同学之间的友谊。

（3）　通过友善的伙伴发现对方的优点，正确认识伙伴。

2. 活动方案

如表 3-7 所示。

表 3-7　活动方案

活动主题			
班级		组长	指导教师
小组成员分工			
序　号	任　务		成　员
1	组织练习		
2	确定反应最敏捷的选手		
3	协助选手训练		
4	确定回答问题人选		
5	选出一位同学担任评委		

3. 实施过程

（1）热场游戏。

老师问好："同学们，下午好！在活动课开始之前，我们先做一个小游戏。请大家伸出自己的双手，一手打开手掌，一手竖起食指顶在旁边同学的手掌上。我数到 3，你们的左手要躲开，右手要抓住食指，看谁的反应最敏捷。既能躲开，又能抓住别人的手，我们给他掌声。"

（2）观看视频。

老师："把你们刚才的热情活力带入接下来的活动课中，同学们，你们准备好了吗？今天的活动课要进行集赞比赛，表现出色的同学能为你的小组获得一个赞，两次活动课集赞最多的同学可以获得一枚雏鹰友善奖章。

集赞行动马上开始，首先陈老师为你们准备了一个视频短片，看视频的时候请同学们思考如下问题：

- 看完视频你有什么感受？
- 视频讲述了一个什么故事？
- 你觉得主人公是一个怎样的人？

老师追问："谁来说说看，选其中的一个问题来回答。"

（3）引出课题、发卡片。

老师："这是一个让人感到温暖的故事，主人公帮助和关心他人的行为都是一种友善的表现。在习总书记提出的社会主义核心价值观 24 字中，友善是公民层面的重要准则，今天这节课我们就围绕'友善'这个词开展活动。"

老师："请各组的小组长们到我这里领卡片，分给每一个组员。组员拿到卡片之后，先在卡片上写自己的名字。组长把卡片收回，迅速完成后把卡片放进盒子，组长拿到盒子请组员随机抽出一张卡片。"

老师："这个环节叫做'组员连连看'，现在你们手中的卡片上写着另外一位组员的名字，这个组员就是你今天的'友善好队友'。"

老师："经过这么久的相处，组员对你的这位'友善好队友'都有所了解。按照以下的格式，说出这位队友的特征、优点和不足，让组员们来猜一猜他（她）是谁？"

我的这位队友的优点是 XXX，不足是 XXX。但是我能接受他的不足，因为他是我的"友善好队友"。

（4）猜猜我的密友。

老师："哪位同学要先来试一试，说说你这位'友善好队友'的特征、优点和不足（猜4～5 个）。请和你的'友善好队友'一起完成一个友善的举动，将猜出'友善好队友'的同学请出列，每 10 个同学坐成一排。"

（5）真心话大冒险。

老师："现在坐在你们身边的就是你们今天的'友善好队友'，请各位同学闭上眼睛，听着音乐好好想一想你们是一起学习的伙伴。在过去的时间里你们从刚进校园时的懵懂，到渐渐成长，到如今的彼此熟悉，你们也许有过误会，有过争吵，但是更多的是共同的快乐回忆。现在的你们是否有很多话想对你的'友善好队友'说呢？请把想对你的'友善好

队友'说的友善感言写在卡片的背面。

接下来，我们要进行一个'真心话大冒险'的游戏，挑战成功的同学可为自己的小组获得一个赞。

游戏过程中你的'友善好队友'会背对着你，听你说友善的感言。如果你的真诚能感动他，他将会为你转身，并且给你相应的评价。成功打动'友善好队友'的同学可以为小队获得一个赞，失败的队员会接受教师的气球处罚，谁来挑战？"

（6）友善行动。

老师："现在你们可以为你们的好队友做一件友善的小事，你们可以做什么呢？对了，像这样捏捏肩的小举动也是队员之间友善的事情（捏捏肩、握握手或拥抱一下）。

除了像捏肩膀、握手和简单的拥抱以外，在平常的生活中，你还可以为你的队友做很多表现友善的事。请你想一想，在之后一周时间内，你能为你的'友善好队友'完成的一件怎样的友善的事？"

（提示：如果我有一本很有趣的书，想和他分享，或者我想在美术课上完成一个手工作品送给他做纪念）

老师："哪位同学说一说你想为你的'友善好队友'做的事是什么呢？

你的'友善好队友'是谁？我们也把他请到前面来。

你想为他做什么友善的事？为什么？把你的卡片交给他。"

老师："今天的活动课结束后，请将你们手中的卡片交给自己的'友善好队友'保管。在之后的一周内，如果你能完成这件友善的小事，你的'友善好队友'会写上感言后把这张收获的密友卡贴在我们的友善大树上。在下一次的活动课中，我们将继续友善行动，为集赞最多的友善同学颁发雏鹰友善奖章。

同学们，秋天是收获的季节，让我们这棵友善的大树结满秋收的果实吧！今天的活动课就到这里。"

4. 评价总结

（1）学生评价。

如表 3-7 所示。

表 3-7　学生评价

活动环节	评价内容				
	积极参与 10分	团队合作 10分	富有创新 10分	获得成果 10分	享受快乐 10分
主题确定					
活动过程					
成果展示					
反思交流					

（2）教师对学生的表现进行评价。

（3）教师围绕活动主题进行总结。

3.4.4　求索

1. 阅读资料

火海救人英雄王锋：忠义感乾坤

面对一千度的热焰
没有犹豫
没有退缩
用生命助人火海逃生
小巷中带血的脚印
刻下你的无私和无畏
高贵的灵魂浴火涅槃
在人们的心中永生

2016 年 5 月的一天，一个看似平常的日子。谁也不会预见，危险正一步步逼近这座楼里熟睡的人们。大约凌晨 1 点多，一楼大厅的电动车短路起火。火势迅速蔓延，睡在 1 层的王锋一家 4 口是最早被惊醒的人。王锋带着女儿第一时间跑出，又立刻折回头救出妻子和儿子。想到 2 楼住着的托教老师和两个学生，王锋毫不犹豫再次冲进火海，把他们安全送出。而楼上还有房东一家 4 口和十几个邻居，王锋在爆炸声中第三次冲入火海，挨家挨户敲门示警。

楼里 20 多个人得救了，而原本最容易逃生出去的王锋三进火海被烧成了一个炭人。王锋全身烧伤面积达 92%，双眼烧伤，肺部呼吸道重度烧……

王锋火海救人的消息迅速传遍大街小巷，媒体通过走访调查发现了很多细节，其中就拍到了王锋最后一次出来呼救时绵延 50 米的血脚印。

王锋的伤情牵动着千万人的心，短短 6 天时间收到社会各界捐款 200 多万元，所有人都在祈祷英雄王锋一定要坚强地活下来。

王锋是河南方城县古城村人，家境贫寒，郑州大学计算机专业毕业后成了家里的顶梁柱。为了挣钱给父母姐姐弟弟治病，王锋去了马来西亚打工 16 年。2015 年他和妻子决定在南阳办一个托教班，一家人快乐团圆的日子才刚刚开始。

妻子潘品最了解丈夫的脾气，她知道王锋沉默的外表下有着坚毅的力量。在南阳 55 天的抢救治疗，王锋度过了休克期，接受了 4 次大手术，仍徘徊在鬼门关。南阳市做出决定，要不惜一切代价包机送王锋进京治疗。

7 月 12 日，飞机抵达首都。那里的医护人员做好了一切准备，一场与死神争夺英雄的战斗又打响了。从 7 月 14 日—30 日，王锋进行了 4 次植皮手术，成活率接近 100%，生命体征趋于平稳。在手术中，医院急需志愿者捐献头皮，妻子潘品等 7 位亲朋好友毫不犹豫

地做了捐献。

　　为了救治王锋，全社会形成爱心接力，无数的电话、捐款、捐物，雪片般飞来。医生说，他们是用英雄的精神救治英雄。看着镜头里的王锋皮肤里渐渐长出嫩肉，大家松了一口气。谁承想，10 月 1 日，王锋的病情突然恶化。下午 4 点 34 分，终因器官衰竭，在救治了 136 天之后永远离开了。

　　在电视短片中，王锋的妻子潘品说："我要用我的皮肤来守护我的丈夫，因为我要挽救他的生命。如果不够，我身上的皮也可以采。"

　　王锋的母亲周文焕也是泪流满面："妈妈生了一个好儿子，妈妈那时候那么穷，都坚持着养你。儿子，我教你坚强，你怎么不坚强啊！"

　　王锋一家揪心的哭诉让在场的不少观众流下了眼泪。

　　思考王锋是一个什么样的人。

2. 观看视频

　　火海救人英雄王锋：忠义感乾坤。

视频 3-6　火海救人英雄王锋：忠义感乾坤

　　思考我们应该学习王锋哪方面的精神？

第 2 篇
诗词曲赋篇

第1章

国家层面：富强、民主、文明、和谐

1.1 富强：一桥飞架南北，天堑变通途

1.1.1 吟诵

吟诵如下。

水调歌头·游泳

毛泽东

才饮长沙水，又食武昌鱼。
万里长江横渡，极目楚天舒。
不管风吹浪打，胜似闲庭信步，今日得宽馀。
子在川上曰：逝者如斯夫！
风樯动，龟蛇静，起宏图。
一桥飞架南北，天堑变通途。
更立西江石壁，截断巫山云雨，高峡出平湖。
神女应无恙，当惊世界殊。

1.1.2 品鉴

　　1956 年，中国农业、手工业、资本主义工商业的社会主义改造基本完成，生产资料所有制的社会主义革命的胜利促进了生产力的发展，社会主义建设出现了突飞猛进的新局面。同年毛泽东主席巡视南方，又视察了武汉长江大桥的施工。1956 年 6 月 1 日、3 日、4 日，毛主席三次畅游长江并写下了《水调歌头·游泳》这首词作。通过描写在长江中游泳的感受，抒发了迎着大风大浪前进的革命豪情，讴歌了我国人民改造山河、建设祖国的伟大业绩。

　　2019 年是新中国成立 70 周年的华诞，70 年来在中国共产党的领导下，中国人民辛勤劳动，把吃苦耐劳、不畏艰险的精神发展到了一个新的高度，并赋予了新的内容，赢得了世界人民的尊敬。当最大的射电望远镜 FAST、全球最大的海上钻井平台"蓝鲸 2 号"、玛旁雍错上迁徙的羚羊呈现在大银幕上时；当磁悬浮列车研发、5G 技术等由我们坚守梦想的工程师和科学家研制成功的辉煌瞬间；当一个个大国重器、中国桥、中国路、中国车、中国港、中国网等举世瞩目成就扬我强国国威时；当整齐划一、气势如虹的中国人民解放军展示装备精良、势若雷霆的军队风貌时……任谁都会热血沸腾、慷慨激昂，由衷地赞一句"厉害了，我的国！"每一次仰望飘扬的五星红旗，每一次高唱庄严的国歌，我们都为自己是中国人感到自豪，为祖国日益强盛感到骄傲！

　　在国家高度重视中等职业教育的今天，我们中职生身处各行各业的专业技能学校，这里有一流的教学环境，以及爱岗敬业、无私奉献的园丁。作为朝气蓬勃、承担着民族复兴的一代人，要把握时代机遇，努力学习技能，把自己锻造成为专业的技能人才。中职毕业生的工作虽然很平凡，但是能够生活在这样一个幸福的时代里，应该知足和感恩。能够参与到这个时代的建设中，和无数素不相识的普通人一起，用平凡的工作，一同完成一个伟大民族的复兴，我们更应该珍惜，更应该拼尽全力、砥砺前行。撸起袖子加油干，用满腔的热血谱写一曲青春之歌。

1.1.3 自省

"赞颂成就强使命"PPT 制作比赛活动

　　通过观看央视记录片《厉害了，我的国》，同学们对我们国家的强盛有了较为全面的认识。请通过上网搜集图片、文字资料，制作主题 PPT，加深对国家强盛的了解。

1. 确定主题

　　为展示祖国的强盛成就，强化忧患意识，增强使命感和责任感，请同学们搜集资料，了解我国在科技、经济、体育、航天及国防建设方面取得的巨大成就。全班分成 5 个小组，从 5 个方面归纳整理国家强盛的具体表现，并与同学们分享。

参考的活动主题：

（1）科技方面的成就。
（2）经济方面的成就。
（3）体育方面的成就。
（4）航天方面的成就。
（5）国防方面的成就。

我们的活动主题：

_____

_____

_____

2. **活动方案**

如表 1-1 所示。

表 1-1　活动方案

活动主题		
班级	组长	指导老师
小组成员及分工		
活动时间及地点		
活动目标		
活动步骤		
活动准备		
注意事项		
预期成果		

3. 实施过程

（1） 搜集资料。

各小组确定活动主题后，小组成员按照分工分别搜集关于我们国家强盛的相关资料。

（2） 小组交流。

经过搜集和整理，开展小组讨论，选出你们认为最能体现我国强盛的成就。

（3） 成果展示。

制作 PPT，由小组代表在课堂或班会课上向同学们展示 PPT，并且说说你们选择的理由。

4. 评价总结

评价总结个人在这次活动中的收获，如表 1-2 所示。

表 1-2　评价总结

活动环节	评价内容			
	积极参与	善于合作	取得成果	内心感受
确定主题				
活动方案				
搜集资料				
小组交流				
成果展示				

1.1.4　求索

1. 观看视频《富强：动画解读社会主义核心价值观》

视频 1-1　视频《富强：动画解读社会主义核心价值观》

2．欣赏

（1）歌曲：《中国我为你骄傲》。

中国我为你骄傲

作词　孟　彦
作曲　孟　彦

我终于登上山巅
忘了疲惫　忘了把汗水擦干
迫不及待的远望
祖国的大好河山
头顶是蓝蓝的天
血液在燃烧　梦想总会实现
这是我亲爱的祖国
巨龙腾飞在世界之巅
中国　中国　我为你骄傲
五十六个民族　深情拥抱
我愿意为你抛洒热血
高唱万里长城永不倒
中国　中国　我为你骄傲
五千年的风雨　江河滔滔
九百六十万的神州大地
万众一心　红旗飘飘
头顶是蓝蓝的天
血液在燃烧　梦想总会实现
这是我亲爱的祖国
巨龙腾飞在世界之巅
中国　中国　我为你骄傲
五十六个民族　深情拥抱
我愿意为你抛洒热血
高唱万里长城永不倒
中国　中国　我为你骄傲
五千年的风雨　江河滔滔
九百六十万的神州大地
万众一心　红旗飘飘
中国　中国　我为你骄傲
五千年的风雨　江河滔滔

九百六十万的神州大地
万众一心 红旗飘飘
万众一心 红旗飘飘

（2） 畅所欲言：列举出你从这首歌中发现的值得你骄傲的景物、事物或者人物，并说说理由。

_____

_____

_____

1.2 民主：我歌唱抗争，我歌唱革命，在黑夜把希望寄托给黎明

1.2.1 吟诵

吟诵如下。

光的赞歌（节选）

作者：艾 青

作为一个微不足道的人
天文学数字中的一粒微尘
即使生命像露水一样短暂
即使是恒河岸边的细沙
也能反映出比本身更大的光
我也曾经用嘶哑的喉咙歌唱
在不自由的岁月里我歌唱自由
我是被压迫的民族我歌唱解放
在这个茫茫的世界上
我曾经为被凌辱的人们歌唱
我曾经为受欺压的人们歌唱
我歌唱抗争，我歌唱革命

在黑夜把希望寄托给黎明

在胜利的欢欣中歌唱太阳

我是大火中的一点火星

趁生命之火没有熄灭

我投入火的队伍、光的队伍

把"一"和"无数"溶合在一起

进行为真理而斗争

和在斗争中前进的人民一同前进

我永远歌颂光明

光明是属于人民的

未来是属于人民的

任何财富都是人民的

和光在一起前进

和光在一起胜利

胜利是属于人民的

和人民在一起所向无敌

1.2.2 品鉴

　　艾青是个艺术生命保持了半个多世纪之久的诗人，被誉为"中国诗坛泰斗"。他的诗将个人的悲欢融入祖国和人民的苦难与命运之中，表现出对光明的热切向往与追求。

　　艾青经历了 1957 年的"反右"运动和"文革"的十年浩劫，深受其害，深受其苦。有过失去自由的经历和切肤之痛，那段生活犹如漫长的黑夜。1978 年 8 月，浩劫结束，诗人激情满怀，写下了这不朽的诗篇《光的赞歌》。这是一首闪耀着哲学光芒的哲理诗的经典之作，全诗共 9 节。诗人以自己独特的视角，高举科学和民主的旗帜，呼唤同胞摆脱愚昧无知、任人摆布的奴隶形象，去向往和追求智慧、科学、充满人性的世界。

　　诗人从光的重要作用起笔，世界有了光，是怎样一种景色？如果没有光，世界将又是怎样一种景色？进而，诗人揭示了光的诞生。通过对自然之光的科学理解，引申出"光"的象征意味——社会的发展和人类的进步也依赖于光，而这"光"是要经过斗争才能得来的。于是诗人由自然之光引向社会之"光"的思考，"光"成为科学与民主的象征。而对于"光"的追求和向往，引发起千百万人一代又一代流血奋斗，诗人对那些为"光"、为民主而战斗的人们进行了热情的赞颂。

　　从历史看，自鸦片战争以来，中国人从"师夷长技以制夷"开始，到后来的"中体西用"，再到新文化运动中确立了"科学"和"民主"这两项基本的现代价值，追求民主成为中华民族光荣的传统；从现实看，我国人民民主具有广泛性和真实性，表现在作为中国公民平等地享有管理国家和社会事务的权利，人民当家作主的权利有制度、法律和物质的保

障。中国实行的是民主集中制,既有民主,又有集中。社会主义市场经济的发展强烈地呼唤着民主和自由,全面建成小康社会,进而建成富强、民主、文明、和谐的社会主义现代化国家。实现中华民族伟大复兴的中国梦,必须加强社会主义民主建设。

中职学生是未来的技术人才,作为未来的从业者,中职学生要发展自己,成就事业,不仅要有丰富的专业知识和很强的实践能力,而且还应有良好的民主意识。中职阶段是人生的关键时期,一个人的世界观、人生观在逐步形成。青年人作为新时代的建设者和接班人,要自觉地把建设和平、民主、富强的祖国作为己任。树立起科学的远大理想和坚定信念,以强烈的使命感和责任感,自觉担负起时代和人民赋予的重任。把人生价值和国家的命运、人民的意愿紧密结合起来,顺应时代的发展要求。与时代同进步,与祖国共命运,做一名真正的新时代青年。

1.2.3 自省

为了认真贯彻党的十九大精神,继续巩固和提高社会主义核心价值体系教育实施的成效,推进社会主义核心价值体系教育进校园、进课堂、进学生,特开展"我来说民主"主题活动。让学生明白每个人都有发表自己看法的权利,进一步开阔视野,并在社会生活中不断增强关心国家大事的意识。

1. 确定主题

通过学习,我们知道民主的表现形式是多种多样的。让我们搜集民主小故事,充分认识民主的各种体现形式。通过典型事例充分感受民主体现在平时点滴小事中,让我们从小事做起,从自身做起,做一个有民主观念的人。

参考的活动主题:	我们的活动主题:
(1)关于民主的中国故事。 (2)关于民主的外国故事。 (3)关于民主的身边故事。	_____ _____ _____

2. 活动方案

如表 1-3 所示。

表 1-3　活动方案

活动主题			
班级		组长	指导老师
小组成员及分工			
活动时间及地点			
活动目标			
活动步骤			
活动准备			
注意事项			
预期成果			

3.　实施过程

（1）　搜集资料。

各小组确定活动主题后，小组成员按照分工分别搜集关于民主的小故事。

（2）　小组交流。

经过搜集和整理，开展小组讨论，选出最能体现关于民主的小故事。

（3）　成果展示。

由小组代表在课堂上或班会课上与同学们分享这个小故事，说说这个小故事给你们带来的感触。

4. 评价总结

通过搜集和分享关于民主的小故事，相信大家对关于民主这个概念有了更进一步的了解，请评价总结个人在这次活动中的收获，如表 1-4 所示。

表 1-4　评价总结

活动环节	评价内容			
	积极参与	善于合作	取得成果	内心感受
确定主题				
活动方案				
搜集资料				
小组交流				
成果展示				

1.2.4 求索

1. 观看视频《民主：动画解读社会主义核心价值观》

视频 1-2　视频《民主：动画解读社会主义核心价值观》

2. 阅读以下案例，回答问题

（1）新学期伊始，班级里举行了一次选举班长的活动。同学们都积极踊跃地投票，终于选出了令大多数人满意的班长。对于这样民主的投票，同学们都心服口服。

（2）有一个班级共有 10 个学生，每天早上必须有一个人提前到校打扫卫生，怎么办？在班级里，A 同学最老实，于是其余 9 名同学商量后决定以后每天由 A 同学打扫卫生。A 同学当然不干了，于是 9 名同学说"那么咱们举手表决吧，支持 A 同学天天打扫卫生的举手"，结果 9:1。"民主"胜利了，A 同学服从"民主"，天天打扫卫生了。

提问：这两个案例说明了一个什么问题？

1.3 文明：树新风争创八荣，除旧恶杜绝八耻

1.3.1 吟诵

吟诵如下。

讲文明懂礼貌诗歌

树新风争创八荣，
除旧恶杜绝八耻。
八荣八耻要牢记，
八荣八耻要明晰。
爱国爱校爱集体，
为了祖国齐努力。
做人不能顾自己，
服务他人记心里。
好逸恶劳是耻辱，
参加劳动要积极。
勤俭节约不能忘，
铺张浪费要摒弃。
尊老爱幼是美德，
团结友爱创美誉。
诚实守信最重要，
做人诚信要牢记。
克服困难争上游，
崇尚科学数第一。
自觉遵纪又守法，
不要违规又违纪。
知晓荣辱会做事，
争做文明小卫士。

1.3.2 品鉴

有记者问一个获得诺贝尔奖的科学家："教授，您人生最重要的东西是在哪里学到的呢？"教授回答："在幼儿园，在那里我学到了令我终身受益的东西，如有好东西要与朋友分享，谦让，吃饭前要洗手……"我们完善自己的文明修养也一样，并非一定要有什么了不起的举措，而是要从身边小事做起。养成文明的习惯，使文明的观念从意识层次进入无意识层次，使文明贯穿我们的一举一动。

倡导文明、建设文明、推广文明，是社会主义核心价值观的基本内涵，是全党全社会始终不渝的价值目标。民主革命时期，我们党就提出"我们不但要把一个政治上受压迫、经济上受剥削的中国，变为一个政治上自由和经济上繁荣的中国，而且要把一个被旧文化统治因而愚昧落后的中国，变为一个被新文化统治因而文明先进的中国。"表明了先进政党的文明向往和追求文明的情怀和境界。改革开放以来，我们党对建设社会主义文明更加自觉和深入，对社会主义文明内涵的认识更加拓展和深刻。可以说，文明兴则国家兴，文明衰则民族衰。唐人孔颖达说："经天纬地曰文，照临四方曰明。"其意指社会文教昌达、文德彰显而形成的王者修德、民风淳朴、风调雨顺的和谐景象。

文明需要沉淀，日积月累，厚积薄发。校园因什么而文明？校园因你我的文明而文明。如果我们的校园没有与之相适应的精神状态、环境氛围和文明行为，就不会有校园的文明，文明校园既包含物质的校园，更包括精神的校园，文明校园的建设工作需要我们全体师生共同长期为之努力。

文明的学生，一定是讲礼貌的人；文明的学生，一定是有着良好卫生习惯的人；文明的学生，一定是爱护公私财物的人；文明的学生，一定是遵守纪律的人；文明的学生，一定是有爱心和责任感的人，他会懂得感恩，感恩父母长辈的养育，感恩老师的教导……

1.3.3 自省

我们在现代生活中比较重要的是礼仪问题，服饰打扮、举止言谈、气质风度、文明礼貌，无一不在影响着你的形象，决定着你的前程和命运。毕业生由于举止得体，在面试中获得了机会。这个机会是工作机会，也是学习机会，你将在工作中不断提高自己的能力；反之，如果在职场上不注重礼仪，本来很好的机会，可能由于举止言行的某一个失误而导致面试失败，机不再来。

阅读案例"因小失大的应聘者"。

因小失大的应聘者

北京某大公司高薪招聘，引来一大批高素质人才竞相角逐。经过一系列挑选，剩下 5 人接受最后面试。这些人都已过五关斩六将，以为最后的面试只是走走过场而已，无甚要紧。于是他们满怀信心地走进经理办公室，这时经理说："不好意思，年轻人，我有点事要暂时出去 20 分钟，你们能等我吗？" 5 个人异口同声地说："当然可以。"经理出去了，在办公室里无聊等待的他们看到办公桌上有很多文件。于是都凑过去，一摞摞地翻看，不亦乐乎。20 分钟后，经理准时回来了，说："面试到此结束。"几个年轻人莫名其妙，不禁问道："我们还在等您呢，怎么就结束了？"经理说："我出去的 20 分钟就是你们的面试时间，我们公司不需要未经人同意便随便翻看别人东西的人。虽然你们都很优秀，但是连最基本的礼节都不懂，我们不要。"5 人哑口，深为自己的鲁莽而懊悔。

请回答如下问题：

（1）你认为应聘者们的行为是否文明？为什么？

（2）请你列举校园里经常出现的不文明行为。

1.3.4 求索

1. 观看视频《文明：动画解读社会主义核心价值观》

视频 1-3 视频《文明：动画解读社会主义核心价值观》

2. 了解日常交际的礼仪用语并在实际交际活动中掌握运用

交际是一门艺术，要讲究礼仪，不同的场合都要注意礼貌用语。完成下列连线小游戏，掌握礼仪用语。

行为
初次见面
看望别人
等候别人
请人勿送
对方来信
麻烦别人
请人帮忙
求给方便
托人办事
请人指教
他人指点
请人解答

礼仪用语
恭候
惠书
请教
赐教
幸会
烦请
借光
拜访
留步
拜托
打扰
请问

1.4 和谐：自去自来梁上燕，相亲相近水中鸥

1.4.1 吟诵

吟诵如下。

清平乐·村居

辛弃疾

茅檐低小，溪上青青草。醉里吴音相媚好，白发谁家翁媪？
大儿锄豆溪东，中儿正织鸡笼。最喜小儿亡（无）赖，溪头卧剥莲蓬。

1.4.2 品鉴

此词是宋代词人辛弃疾归隐闲居的时候对农村清新秀丽、朴素雅静的环境描绘和对农村人群恬静、有趣的生活场景刻画，表现出词人喜爱农村和谐宁静的生活。作者通过对景物与人物活动结合描写的手法，形象地勾画出农村生活悠然自得和家庭和谐带来的恬淡。全诗通过捕捉到生活中最普通的画面，茅檐、小溪、青草、翁媪饮酒聊天、大儿锄草、中儿编鸡笼、小儿卧剥莲蓬，抒发了闲适温馨的生活情趣。和谐的亲情带来了温暖，诗人为

117

生活的闲适美好而感到满足和欣然。

今天，我国描绘了构建和谐社会的宏伟蓝图，构建和谐社会、实现中华民族伟大复兴的"中国梦"正成为亿万人民的自觉行动。作为一位公民，我们要从自己做起、从现在做起。积极融入构建和谐社会的实践中，逐步实现人自身和谐、人际关系和谐、人与社会关系和谐、人与自然之间和谐。

社会整体的和谐离不开和谐发展的个人，而和谐发展的个人就像一颗种子，只有在和谐的校园里才能孕育出来。创建和谐校园，需要师生一起努力付出辛勤的汗水和心血。首先，优美的校园环境是和谐的根本，其中包括自然环境和人文环境。一个净化了的环境，会使人的心灵也随之净化，并激起一种奋发向上的自尊自爱的意识；其次，拥有良好校园人际关系的校园，才能称得上是和谐校园。这就要求我们牢记社会主义核心价值观，贯彻践行文明准则。讲文明讲礼仪，从身边的小事做起，从一点一滴做起。想问题办事情不是以自我为中心，并自觉地以"八荣八耻"的标准来要求规范自己，树立社会主义荣辱观，我们才能成为文明中职生，也自然能拥有良好的校园人际关系；再次，文明不仅仅是环境的美好文明，更是人心的和平向善。要达到和谐，我们就应该在与人相处的过程中看到每个同学的长处。以人为本，尊重每个同学的个性，让同学们活跃于展现特长的舞台上。例如，热爱运动的同学能在运动会上一展矫健身姿，喜欢书画的同学能在书画展上尽情挥毫泼墨，擅长表演的同学能在校园文化艺术节的舞台上大放异彩。

1.4.3 自省

通过信息收集，进一步认识和谐的重要性，为构建和谐校园出谋划策并贡献力量。

1. 确定主题

本着"创和谐校园"的精神，针对职业学校学生思想道德现状中文明礼仪方面的问题，班级将召开一个名为"讲文明·知礼仪·创和谐校园"的主题班。通过本次主题班会使同学们认识自己的行为习惯，意识到文明礼仪的重要性。并在生活与学习中不断学习应用和改进，做一个讲文明、知礼仪的好学生，为和谐校园的创建尽一份力。

参考的活动主题：	我们的活动主题：
（1）校园的和谐主要体现在哪些方面？ （2）学校为了创造和谐校园，举办了哪些活动？ （3）校园里有哪些影响和谐的行为？	＿＿＿＿＿＿＿＿＿＿ ＿＿＿＿＿＿＿＿＿＿ ＿＿＿＿＿＿＿＿＿＿

2. 活动方案

如表 1-5 所示。

表 1-5　活动方案

活动主题		
班级	组长	指导老师
小组成员及分工		
活动时间及地点		
活动目标		
活动步骤		
活动准备		
注意事项		
预期成果		

3. 实施过程

（1）搜集资料。

各小组确定活动主题后，小组成员按照分工分别搜集关于校园和谐的相关信息。

（2）小组交流。

经过搜集和整理，开展小组讨论，整理小组的意见。

（3）成果展示。

由小组代表在主题班会上与同学们分享，说说本小组就"校园和谐"问题收集了哪些

材料并形成了哪些统一意见。

4. 评价总结

通过搜集和分享关于校园和谐信息，评价总结个人在这次活动中的收获，如表 1-6 所示。

表 1-6　评价总结

活动环节	评价内容			
	积极参与	善于合作	取得成果	内心感受
确定主题				
活动方案				
搜集资料				
小组交流				
成果展示				

1.4.4　求索

1. 观看视频《和谐：动画解读社会主义核心价值观》

视频 1-4　视频《和谐：动画解读社会主义核心价值观》

2. 阅读小故事

"和谐"是一个美丽而温柔的词语，令人向往又令人深思。然而究竟什么是和谐，或者说，什么样的世界（包括我们赖以生存的外部世界和我们自己内心的世界）才能称得上"和谐"呢？

有这样一个关于"和谐"的故事。

一个大雪纷飞的早上，一位妇人打开房门看见不远处的雪地里站着 4 个老头。他们身披破衣，在寒风中瑟瑟发抖。妇人是一个吃素念佛的人，此时善心大发，于是走上前去对 4 个老头说："快到我家来吧，我泡碗热茶给你们躲躲风雪，驱赶寒气。"

4 个老头中的一个笑了笑，对妇人说："谢谢你，我们 4 个是兄弟，也有各自的名字。我叫'财富'，他们分别叫'成功'、'平安'、'和谐'。你要叫我们去你家，我们很高兴。但是你只能请我们中的一个人去你家，你看请谁呢？"

这下妇人犯难了，只能请一个回家，那该请谁呢？

名叫"财富"的老头接着问："你家还有人吗？"

妇人说："我丈夫上班去了，我还有一个儿子一个女儿，正在上学呢。"

老头说："那等你丈夫和孩子回来后，你们商量一下再决定吧。"

妇人见老头态度很坚决，也就作罢。于是等中午丈夫孩子回来后，就对他们说了上午碰到的奇事。

"如果只能请一个老人来我家，那么就请'财富'吧。"丈夫说。

"不，我希望请'成功'来我家。"儿子说。

"我看还是让'平安'来吧。"妇人说："你看我们家平平安安地多好啊。"

3 个人谁也说不过谁，于是为了请谁来家里争吵了起来，这时候女儿说话了："你们也不要吵了，还是听我的吧，请'和谐'来我家好了。"

女儿最小，大家各自让了一步，于是同意请"和谐"来他们家里。

妇人对 4 个老头说："我们家里经过了商量，既然你们之中只能有一个人来我家，就请'和谐'吧。"

这时候名叫"和谐"的老头朝妇人点了点头，大踏步向妇人家里走去。其他 3 个老头见"和谐"进去了，也跟在他后面准备走进妇人的家门。妇人见状，忙拦住了其他 3 个老头，说："你们不是说只能有一个人来我家吗，怎么你们也来了呢？"

名叫"财富"的老头笑了笑，说："我们之间还有一个约定呢，只要是'和谐'走到哪里，我们其他 3 个兄弟也必定要跟着走到哪里的。"

第 2 章

社会层面：自由、平等、公正、法治

2.1 自由：鹰击长空，鱼翔浅底，万类霜天竞自由

2.1.1 吟诵

吟诵如下。

沁园春·长沙

毛泽东

独立寒秋，湘江北去，橘子洲头。看万山红遍，层林尽染；漫江碧透，百舸争流。鹰击长空，鱼翔浅底，万类霜天竞自由。怅寥廓，问苍茫大地，谁主沉浮？

携来百侣曾游，忆往昔峥嵘岁月稠。恰同学少年，风华正茂；书生意气，挥斥方遒。指点江山，激扬文字，粪土当年万户侯。曾记否，到中流击水，浪遏飞舟？

2.1.2 品鉴

《沁园春·长沙》是毛泽东 1925 年晚秋所作，当时的中国社会是民国政府统治时期，军阀混战，社会动荡不安。中国的有志青年受到了外来新思想和新观念的影响，开始追求思想的自由、个人的自由、民族的自由，渴望如毛泽东词中所说"鹰击长空，鱼翔浅底，万类霜天竞自由"，万物在各自的环境中自由自在地生活。正是在这样蓬勃发展的民主自由运动大环境下，我们的有志青年肩负起了改变中华民族命运的责任，最终带领广大群众取得了革命的胜利，迎来了中华人民共和国的成立。

今天，自由有了新时代的解读，即"每个人的自由发展是一切人的自由发展的条件"。自由不是绝对的，不是无拘无束、为所欲为的。想要什么就是什么，想做什么就做什么，这种绝对的自由观只会导致无序和混乱。我们每个人享受自由是指不违反国家的宪法和法律，不损害他人个人利益。不能因为我们享受自由了，就让他人得不到自由，或者危害他人的权益。自由意味着责任，也意味着自律。当我们自由选择做什么的时候，就要对所选择的后果负责。自由是对各种规律的掌握，这些规律包含自然的规律，社会的规律和人自身的规律，掌握了规律我们就能更好地享受自由。自由对民族而言指国家独立、民族自主；对个人而言指个性获得发展。当代社会对人才的需求趋向与多元化，提倡个性自由，是现代社会的基本特征。每个人有权利根据自身发展的需要，进行自我选择、自我设计和创造，追求自己的人生价值。

作为一名中职学生，我们享受的自由是在学校各种规章制度下，自由地开展生活与学习。按照个人意愿选择喜欢的运动，唱自己喜欢的歌曲，发展自己的兴趣爱好，按照个人想法进行创造发明；同时不影响他人同样享受这样自由的权利，使得自己能够更快地适应社会生存规则。

2.1.3 自省

通过信息收集，进一步认识自由的具体表现形式，明白在符合规定的前提下我们享有自由。

1. 确定主题

学校为了丰富校园生活，开设了很多学生社团。在其中我们可以发挥个人的特长，培养个人的兴趣爱好，不断提高个人的能力，为步入社会做准备。让我们搜集学校现有的学生社团，并进一步了解其发展情况。

参考的活动主题：

（1）学校有哪些体育类的学生社团？有多少人参加？开展什么样的活动？

（2）学校有哪些文艺类的学生社团？有多少人参加？开展什么样的活动？

（3）学校有哪些专业性的学生社团？有多少人参加？开展什么样的活动？

我们的活动主题：

_____

_____

_____

_____

2. **活动方案**

如表 2-1 所示。

表 2-1　活动方案

活动主题		
班级	组长	指导老师
小组成员及分工		
活动时间及地点		
活动目标		
活动步骤		
活动准备		
注意事项		
预期成果		

3. 实施过程

（1） 搜集资料。

各小组确定活动主题后，小组成员按照分工分别搜集关于学校学生社团的相关信息。

（2） 小组交流。

经过搜集和整理，开展小组讨论，选出你们认为最棒的学生社团。

（3） 成果展示。

由小组代表在课堂或班会课上与同学分享你们认为最棒的学生社团，以及这个学生社团让学生得到了哪方面的发展。

4. 评价总结

通过搜集和分享关于学校学生社团的信息，相信大家对学校的学生社团有了一定的了解。评价总结个人在这次活动中的收获，如表 2-2 所示。

表 2-2　评价总结

活动环节	评价内容			
	积极参与	善于合作	取得成果	内心感受
确定主题				
活动方案				
搜集资料				
小组交流				
成果展示				

2.1.4　求索

1. 观看视频《自由：动画解读社会主义核心价值观》

视频 2-1　视频《自由：动画解读社会主义核心价值观》

2. 完成连线小游戏并写明你的理由

行为	性质	理由
在学校学习		
未经同意拿舍友物品		
了解事实真相后谈论自己的观点	自由行为	
发表危害国家的言论		
参加学校的歌唱比赛		
晚上休息时间在家里大声唱歌	非自由行为	
横穿马路		
参加学生社团活动		
偷拍同学的照片放到论坛上		
传播网上未经证实的新闻		

2.2　平等：我们共享雾霭、流岚、虹霓

2.2.1　吟诵

吟诵如下。

致 橡 树

舒　婷

我如果爱你——
绝不像攀援的凌霄花，
借你的高枝炫耀自己：
我如果爱你——

绝不学痴情的鸟儿，
为绿荫重复单调的歌曲；
也不止像泉源，
常年送来清凉的慰藉；
也不止像险峰，
增加你的高度，衬托你的威仪。
甚至日光，
甚至春雨。
不，这些都还不够！
我必须是你近旁的一株木棉，
作为树的形象和你站在一起。
根，紧握在地下，
叶，相触在云里。
每一阵风过，
我们都互相致意，
但没有人，
听懂我们的言语。
你有你的铜枝铁干，
像刀，像剑，也像戟；
我有我红硕的花朵，
像沉重的叹息，
又像英勇的火炬。
我们分担寒潮、风雷、霹雳，
我们共享雾霭、流岚、虹霓。
仿佛永远分离，
却又终身相依。
这才是伟大的爱情，
坚贞就在这里：
爱——
不仅爱你伟岸的身躯，
也爱你坚持的位置，
足下的土地。

2.2.2 品鉴

《致橡树》是一首爱情诗，表达了在爱情中男女平等，是一首呼唤自由、平等独立、风雨同舟爱情观的诗歌。平等包含了人格平等、机会平等、权利平等，男女平等只是其中的一部分内容。

平等是人和人之间的一种关系、人对人的一种态度，是一种相互的行为。平等不仅指人格、身份上的平等，也包括经济、政治和文化权益上的平等。平等是具有历史性的，在奴隶社会，奴隶和奴隶主是不平等的。奴隶是奴隶主的物品，可以像牲口一样买卖。西汉董仲舒的《春秋繁露》中的"三纲"，即"君为臣纲，父为子纲，夫为妻纲"反映的是封建社会中的君臣、父子和夫妻之间的道德关系。因为这种不平等的道德关系，才有了俗话说的"君要臣死，臣不得不死"。这些纲常伦理反映了在封建社会既存在农民与地主、小地主和大地主、百姓与官员之间的不平等，另外还存在男性与女性之间的不平等，以及同为统治阶层之间的不平等。在资本主义社会，由于每个人拥有财富的差别，使得富人与穷人之间始终不能实现真正的平等。而社会主义社会，废除了人剥削人、人压迫人的制度，实行生产资料公有制，由人民当家做主。从而消除了人与人之间，阶级与阶级之间的差异关系，真正实现了社会的平等。

作为一名公民，我们享有法律赋予我们的一切公民权利，时刻享受着社会主义社会带给我们的平等权利。一名学生不会由于家庭的贫穷而被剥夺受教育的权利，也不会由于家庭的富裕而享受教育的特权。我们不会因个人智力、能力方面的差异而被剥夺自由人格的权利，我们可以自由发展自己的兴趣爱好，实现自我价值，在学校享有平等的竞争机会和同样的发展平台。在工作上，我们不会因为受教育的差异而被区别对待。无论是中职生、高职生、大学生，我们享有同样的就业权利。我们同样接受用人单位的面试，同样通过自己的努力工作获取相应的劳动报酬。

平等观念的树立基于人与人之间的相互尊重，作为一个社会个体，不论对方是贫穷还是富裕，是年长者还是年幼者，智力如何都要一视同仁，给予同等的尊重和关心。不仅如此，对于那些需要我们帮助的同学、朋友，我们应该给予更多的关心和帮助，让他们感受到温暖和尊重。

2.2.3　自省

1. 确定主题

通过学习，相信同学们对平等有了一定的认识。平等的表现形式是多种多样的，让我们搜集平等的小故事，认识不同对象之间的平等是如何体现的，并与同学们分享吧。

参考的活动主题：	我们的活动主题：
（1）关于平等的中国故事。	＿＿＿＿＿＿＿＿＿＿
（2）关于平等的外国故事。	＿＿＿＿＿＿＿＿＿＿

2. 活动方案

如表 2-3 所示。

表 2-3　活动方案

活动主题		
班级	组长	指导老师
小组成员及分工		
活动时间及地点		
活动目标		
活动步骤		
活动准备		
注意事项		
预期成果		

3. 实施过程

（1）搜集资料。

各小组确定活动主题后，小组成员按照分工分别搜集关于平等的小故事。

（2）小组交流。

经过搜集和整理，开展小组讨论，选出你们认为最能体现平等的小故事。

（3）成果展示。

由小组代表在课堂上或班会课上与同学分享这个小故事，说说这个小故事给你们带来

的感触。

4. 评价总结

通过搜集和分享关于平等的中外小故事，相信大家对平等这个概念有了更进一步的了解。评价总结个人在这次活动中的收获，如表 2-4 所示。

表 2-4　评价总结

活动环节	评价内容			
	积极参与	善于合作	取得成果	内心感受
确定主题				
活动方案				
搜集资料				
小组交流				
成果展示				

2.2.4　求索

1. 观看视频《平等：动画解读社会主义核心价值观》

视频 2-2　视频《平等：动画解读社会主义核心价值观》

2. 观看视频《什么是真正的平等》

对比《平等：动画解读社会主义核心价值观》，思考对平等的理解是否存在不同。

视频 2-3　视频《什么是真正的平等》

2.3 公正：缺乏公正，便无道义可言

2.3.1 吟诵

吟诵如下。

梦李白（其二）

杜　甫

浮云终日行，游子久不至。
三夜频梦君，情亲见君意。
告归常局促，苦道来不易。
江湖多风波，舟楫恐失坠。
出门搔白首，若负平生志。
冠盖满京华，斯人独憔悴。
孰云网恢恢，将老身反累。
千秋万岁名，寂寞身后事。

2.3.2 品鉴

《梦李白》共有两首，是唐代伟大诗人杜甫的作品。这首诗是杜甫听到李白被流放后积思成梦而作，抒发了对故人悲惨命运的同情，也表达了对李白遭遇不公正的批判。

公正就是公平正义，是处理人与人、人与社会关系的基本准则。在社会主义社会，公正在不同的层面有着具体的表现形式。从经济层面来看，主要表现在分配方式的公正和对弱势群体的保护上。反对贫富两极分化，主张实现共同富裕；从政治层面来看，主要表现在社会制度制定的合理上。主张人民是国家的主人，共同参与国家和社会事务；从法律层面来看，主要表现在个人权利和义务的相对应，以及对违法犯罪行为的惩治，主张在法律面前人人平等。

从公元前陈胜、吴广喊出"王侯将相宁有种乎"，到近代洪秀全的太平天国、康有为"人人相亲，人人平等。天下为公，是谓大同"的大同世界，再到孙中山先生提出的以"民族主义、民权主义和民生主义"为核心的三民主义，到我们全体人民奔小康的社会主义社会，以及我们的奋斗目标共产主义，无论哪种社会制度，都向往着建设一个公平正义的社会。在古代，人们对公正的迫切要求是因为利益分配上存在分歧。如果利益分配差距缩小，人们对公正的要求就会相应弱化。在现代公正已经有了更深刻、更丰富的内涵，不仅表现在避免产生利益分歧上，更多地表现在付出会有回报的对等、对人"己所不欲，勿施于人"的道德要求，以及表现在社会制度的合法合规性上。

当下，我们对于公正的追求目标是"逐步建立以权利公平、机会公平、规则公平为主要内容的社会公平保障体系，努力营造公平的社会环境，保证人民平等参与、平等发展的权力"。"缺乏公正，便无道义可言"，权利公平是社会公正的内在要求、机会公平是社会公正的前提、规则公平是社会公正的重要保障，三者缺一不可。社会公平正义的实现是一个过程，不可能一蹴而就。只要为之坚持不懈地付出努力，我们的社会终会实现真正的公平正义。

作为一名学生，维护公正不仅关乎我们个人的发展，也影响他人的发展和社会的进步。那么，我们该如何维护社会的公平正义？首先，我们要树立正确的世界观、人生观和价值观，养成正直无私的美德；其次，要不断地学习，提升个人综合素质和能力。积极主动参与社会建设，为社会创造更多的财富，促进社会的不断发展。社会经济的发展将会推动制度发展，而制度的不断完善，将解决社会保障、教育资源配置、农村公共服务等民生问题，为实现社会的公平公正提供必要条件和基础保障；最后，在现实生活当中，我们要坚持实事求是的原则，处理问题要正当、正确，不带私心和私人情感。做到就事论事，用自己的言行举止影响身边的人或事，共同创造一个公平正义的社会环境。

2.3.3 自省

和稀泥不是公正，不根据事实做出的判断也不是真正的公正。作为一个青年人，今后社会发展的推动者，我们必须树立正确的是非观。以事实为依据，了解曲直，明辨是非，

真正做到公平公正。只有我们每个人都坚持做到这一点，社会才会真正的实现公正。通过角色扮演小游戏，表现同一事件中不同的处理方式造成不公正的结果和公正的结果，加深对公正的理解。

1. 设置主题等

（1）主题："如果我是班主任"

（2）角色：张同学、李同学、班主任刘老师。

（3）背景：宿舍里进行值日轮值，张同学做好卫生后李同学磕瓜子把瓜子皮吐到了地上。张同学制止李同学时，和李同学发生了口角，最后闹到了班主任办公室。

（4）要求：小组成员需假设班主任可能采用的各种解决两人争端的办法。

2. 活动方案

如表2-5所示。

表2-5　活动方案

活动主题		
班级	组长	指导老师
小组成员及分工		
活动时间及地点		
活动目标		
活动步骤		
活动准备		
注意事项		
预期成果		

3. 实施过程

（1）分工合作。

各小组确定不同的解决办法后小组成员按照分工开始进行排练表演。

（2）小组交流。

经过表演后，小组总结采用不同的处理办法可能造成的影响。

（3）成果展示。

由小组成员在课堂上或班会课上进行角色扮演，为同学展示同一问题不同的处理方法，与交流不同处理方式造成的不同后果。

4. 评价总结

通过这次角色扮演，评价总结个人在这次活动中的收获，如表2-6所示。

表2-6　评价总结

活动环节	评价内容			
	积极参与	善于合作	取得成果	内心感受
确定主题				
活动方案				
分工合作				
小组交流				
成果展示				

2.3.4　求索

1. 观看视频《公正：动画解读社会主义核心价值观》

视频2-4　视频《公正：动画解读社会主义核心价值观》

2. 观看视频《一个关于"公正"的思想实验——"无知之幕"》

视频从高考制度的设置出发，引出了如何确保社会上其他制度的公正设置，阐述了社会公正的重要性。

视频 2-5　视频《一个关于"公正"的思想实验——"无知之幕"》

请思考由于制度不公正导致了哪些不公正事情的发生？

2.4　法治：法治必助中国强

2.4.1　吟诵

吟诵如下。

法治中国赋

卓泽渊

中国法制之源流，赓续数以千载；法治中国之探索，构想计有千般。

皋陶折狱，周公制礼，商鞅变法，尊法而为天下之公器；子产刑鼎，李悝法经，唐律疏议，奉法而成中华之法系。

及至近代，战火频仍，长夜难明，缘制度陈腐之祸殃；探寻民主，谋求共和，更新法治，乃仁人志士之期望。

艰难探索，雄鸡一唱，华夏开辟新伟业；改革开放，民主法治，神州展露新气象。

重开民主路，再启法治航。人民作主，奉民意之圭桌；制度创新，越传统之藩篱。

谋定而后动，图良法之大治；思深方益远，成国家之大计。

民主更加进步，法治日益昭彰。依法治国，基本方略；全面推进，崭新篇章。

依法治国，依法执政，依法行政，共同推进之考量；法治国家、法治政府、法治社会，一体建设之希望。

科学立法再起步，体制完备新构想。严格执法乃行政之要求，法治政府实人民之向往。

公正司法彰万众愿景，布人间春光。全民守法动力在，法治社会意气扬。

自由平等，人民享有安乐；民主法治，国家得以安康。世界大势，锐不可当；法治潮流，迎头赶上。

寰球何去，中国何往？中国推进法治化，法治必助中国强。法治中国新起点，人民民主铸辉煌！

选自《人民日报》2017 年 10 月 16 日版

2.4.2 品鉴

　　从先秦时期起，诸子百家就开始提倡"以法治国"。但是古代中国的法治，从根本上说仍是在人治模式下进行的，所制定的法律制度是为了维护封建统治阶级的权益而产生的。现代法治，是相对于人治而言的。充分体现了法律至上、任何人都不能有凌驾于法律之上的权利，法治是治理国家、管理社会的基本方式。自由，是在法律范围内的自由；平等，是在法律面前人人平等；公正，是在遵纪守法前提下的公正。持续深入地推进法治化建设，才能让我们的社会实现真正的自由、平等、公正，才能真正把我们的国家建设成为富强、民主、文明的社会主义国家。

　　现代法治主要包含两方面的内容，一是知法守法，我们要遵法、学法、知法、守法。要建设社会主义法治国家，就要做到有法可依、有法必依、执法必严、违法必究；二是依法治国，广大人民群众根据法律法规条款管理国家事务、社会、经济和文化事务，并维持社会秩序，维护社会安定，保证国家的工作依法进行。严守法律面前人人平等原则，通过法律来约束人的行为，为社会安定提供保障。杜绝了封建社会"刑不上大夫"，皇权高于一切，由皇帝掌握臣民生死大权而导致的冤假错案。

　　作为学生，我们要自觉遵守法律法规，主动学习法律知识。很多触犯法律的人往往是因为缺乏法律知识，或者法律意识淡薄所致。现代社会是一个网络高速发展的时代，也是一个自媒体快速发展的时代。有的学生不了解法律知识，和同学有矛盾后，将同学的个人信息和照片发到网上，添油加醋地引导广大网民对其进行人身攻击；有的同学将他人的生活行为或者工作内容偷拍放到网上博取关注；有的同学在不了解事情真相的情况下，以讹传讹地转发网上的视频，以上情况其实都属于触犯了法律的行为。因此我们要时刻秉承"勿以恶小而为之，勿以善小而不为"的原则，把法律法规作为自己的行为准则，作为"高压线"不去触碰。从遵守班级的班风班规，学校的校纪校规开始，培养规矩意识、法律意识。

在平时的生活中，要遵守各种规章制度，如交规、不同场合的管理规定等，真正养成知法守法的好习惯。

2.4.3 自省

作为一个公民，我们必须遵守国家的法律法规；作为一个职场人，我们要遵守公司的相关规定；作为一名学生，我们遵守学校的规章制度。人们常说"初生牛犊不怕虎"，当我们还是在校生的时候就要树立好规矩意识，严格遵守学校的规章制度，养成自律的好习惯。避免今后在职场上、在社会上因为违反规章制度或法律法规，而给自己的职业生涯和人生带来污点。那么在日常的学习生活中，我们都会接触到哪些法律法规？让我们来共同收集并学习吧。

1. 确定主题

参考的活动主题：

（1）收集学校制定的关于学生管理的规章制度。
（2）收集《未成年人保护法》中涉及社会保护的条款。
（3）收集交通规则中的标志。

我们的活动主题：

_____

_____

_____

_____

2. 活动方案
如表 2-7 所示。

表2-7　活动方案

活动主题			
班级		组长	指导老师
小组成员及分工			
活动时间及地点			
活动目标			
活动步骤			
活动准备			
注意事项			
预期成果			

3. 实施过程

（1）分工合作。

各小组确定活动主题后小组成员按照分工开始进行收集整理。

（2）小组交流。

经过收集整理后，开展小组互相交流，统计出所确定主题涉及的完整内容。

（3）成果展示。

由小组代表在课堂或班会课上与同学们分享收集整理到的相关规章制度、标志或条款，和同学们共同学习。

4. 评价总结

通过收集学校的规章制度、《未成年人保护法》中的条款和交通标志，评价总结个人在这次活动中的收获，如表 2-8 所示。

表 2-8 评价总结

活动环节	评价内容			
	积极参与	善于合作	取得成果	内心感受
确定主题				
活动方案				
分工合作				
小组交流				
成果展示				

2.4.4 求索

1. 观看视频《法治：动画解读社会主义核心价值观》

视频 2-6 视频《法治：动画解读社会主义核心价值观》

2. 看漫画学法律

找出图 2-1～图 2-6 所示漫画中分别涉及的法律法规，请同学们利用业余时间学习相关法律法规。

图 2-1　漫画 1

来源：http://blog.sina.com.cn/s/blog_4ce9b7620100fmcy.html

图 2-2　漫画 2

来源：https://m.baidu.com/tc?from=bd_graph_mm_tc&srd=1&dict=20&src=http%3A%2F%
2Fwww.csytv.com%2Fpinlv%2Fshenghuo%2Fztlm_1431313087%2Fnews%2F
2015-06-05%2F56943.html&sec=1570541223&di=f9e1e8637f2dcd71

图 2-3　漫画 3

图 2-4　漫画 4

来源：http://www.dpcm.cn/html/zhuanti/xiaofeizhezxd/20100311/2e0dccff51fea860.htm

图 2-5　漫画 5

来源：http://www.leshan.cn/html/view/view_BDDB905076374B9B.html

图 2-6　漫画 6

来源：http://news.dzwww.com/guojixinwen/201603/t20160302_13922428.htm

第3章

个人层面：爱国、敬业、诚信、友善

3.1 爱国：待从头，收拾旧山河，朝天阙

3.1.1 吟诵

吟诵如下。

满江红·怒发冲冠

南宋·岳飞

怒发冲冠，凭栏处，潇潇雨歇。抬望眼，仰天长啸，壮怀激烈。三十功名尘与土，八千里路云和月。莫等闲，白了少年头，空悲切！

靖康耻，犹未雪。臣子恨，何时灭！驾长车，踏破贺兰山缺。壮志饥餐胡虏肉，笑谈渴饮匈奴血。待从头，收拾旧山河，朝天阙。

3.1.2 品鉴

爱国名将岳飞年少时家乡就被金兵占领，长大后岳飞毅然从军。一腔热血，精忠报国。在他的带领下，军队英勇善战，屡立战功。征战途中岳飞写下这首著名的词《满江红》，直抒胸怀"好男儿，要抓紧时间为国建功立业。不要空空将青春消磨，等年老时徒自悲切"。磅礴大气，激昂壮烈，是岳飞渴望建功立业、努力抗战、报效国家的真实写照，也表达了岳飞对入侵者的深仇大恨、对祖国统一的殷切渴望和忠于国家的赤子之心。今天，我们伟大的祖国早已摆脱任人宰割的命运，到处充满勃勃生机。在改革开放和现代化建设的历程中，创造了一个又一个奇迹。一步步走向繁荣昌盛，实现着强国富民、民族复兴的百年梦想。

爱国，是我们每个人对自己国家深厚情感的表达。爱国，是我们中华民族精神的核心所在。从林则徐的"苟利国家生死以，岂因福祸避趋之"到文天祥的"人生自古谁无死，留取丹心照汗青"，从陆游的"位卑未敢忘忧国"到鲁迅的"我以我血荐轩辕"，强烈的爱国之心使中华民族屹立不倒。今天，爱国注入了新的时代精神，社会主义核心价值观所提倡的爱国更加包容、开放、理性。祖国的命运与我们休戚相关，从香港和澳门回归到申奥成功，从"神州"五号胜利升空到中国天眼 FAST 建成投入使用。中国让世界为之侧目，为之震惊。"祖国强则我强，祖国富则我富"，"中国"两个字代表着强大、光荣、自豪。我们的民族自豪感背后站立着中国这个伟大的东方巨人，是国家给了我们安全的环境，给了我们富足的生活，给了我们强大的自信和自豪感。

世界技能大赛被誉为"技能奥林匹克"，2011 年第 41 届世界技能大赛在英国伦敦举行，中国首次派出代表团参加这一个重大赛事就实现了奖牌零的突破。在第 42、43、44届世界技能大赛中，中国斩获的奖牌不断实现新的突破，不断刷新世界对中国技能的认识。获奖的选手中，闪现着我们中职学生的身影，他们来自广东、上海、江苏……越来越多的世界技能大赛集训基地设在中职学校，越来越多的中职学生在世界技能大赛的舞台上绽放光彩，向世界展示中职学生高超的技能水平和良好的职业素养。2018 年广西两所中职院校被国家人力资源和社会保障部确定为"第 45 届世界技能大赛中国集训基地"并且迎来首批参训选手、教练和专家。

匠心筑梦，技能报国，中职学生同样可以通过技能报国奏响时代的最强音。这是我们可以做到而又发自内心的爱国实践，也正是社会主义核心价值观所提倡和鼓励的爱国。

3.1.3 自省

每个人都有爱国情怀，歌曲是我们表达爱国情感的一种方式。爱国歌曲好听又好唱，现在就让我们一起来搜集一首自己心目中最动听的爱国歌曲，并与同学分享。

1. 确定主题

参考的活动主题：

（1）中文爱国歌曲。

（2）英文爱国歌曲。

（3）原创爱国歌曲。

我们的活动主题：

_____

_____

_____

2. 活动方案

如表 3-1 所示。

表 3-1　活动方案

活动主题		
班级	组长	指导老师
小组成员及分工		
活动时间及地点		
活动目标		
活动步骤		
活动准备		
注意事项		
预期成果		

3. 实施过程

（1） 搜集资料。

各小组确定活动主题后，小组成员按照分工分别搜集爱国歌曲。

（2） 小组交流。

经过搜集和整理，开展小组讨论，选出最动听的一首歌曲。

（3） 成果展示。

由小组代表在课堂或班会课上与同学分享这首爱国歌曲，说说你们选择这首歌曲的理由和这首歌曲的令人感动之处。

4. 评价总结

通过搜集和分享心目中最动听的一首爱国歌曲，评价总结个人在这次活动中的收获，如表 3-2 所示。

表 3-2　评价总结

活动环节	评价内容			
	积极参与	善于合作	取得成果	内心感受
确定主题				
活动方案				
搜集资料				
小组交流				
成果展示				

3.1.4　求索

1. 观看视频《爱国：动画解读社会主义核心价值观》

视频 3-1　视频《爱国：动画解读社会主义核心价值观》

2. 音乐欣赏

（1） 聆听歌曲《满江红》。

满 江 红

作词：岳 飞
作曲：顾嘉辉

怒发冲冠 凭栏处 潇潇雨歇
抬望眼 仰天长啸 壮怀激烈
三十功名尘与土
八千里路云和月
莫等闲 白了少年头 空悲切
靖康耻 犹未雪 臣子恨 何时灭
驾长车踏破贺兰山缺
壮志饥餐胡虏肉
笑谈渴饮匈奴血
待从头 收拾旧山河 朝天阙

（2） 用一个关键词或一段话来表达聆听歌曲《满江红》后的感受。

2. 观看快闪《我和我的祖国》

快闪 3-1　快闪《我和我的祖国》

班级合唱《我和我的祖国》，加深爱国的情感体验。

3. 思考问题

（1） 爱国是不是遥不可及的情感？

（2） 作为一名中职学生，在学校认真学习专业知识，不断强健体魄，积极参加每周的升国旗仪式、唱国歌，以及学校组织的各类文体活动，是否属于爱国行为？那么在社会生活中，又有哪些行为属于爱国行为？

3.2 敬业：春蚕到死丝方尽，蜡炬成灰泪始干

3.2.1 吟诵

吟诵如下。

无题·相见时难别亦难

李商隐

相见时难别亦难，东风无力百花残。
春蚕到死丝方尽，蜡炬成灰泪始干。
晓镜但愁云鬓改，夜吟应觉月光寒。
蓬山此去无多路，青鸟殷勤为探看。

3.2.2 品鉴

这是唐代诗人李商隐以男女离别为题材创作的一首爱情诗，"丝"与"思"谐音，表现了恋人的思念就像春蚕吐出细细的丝，至死方休；像蜡烛默默流下的烛泪，燃烧成了灰烬才能流尽。形象地展现了诗人李商隐对爱情灼热的渴望和坚忍执着的精神，成为表达坚贞不渝的爱情的千古名句。随着时代的变迁，"春蚕到死丝方尽，蜡炬成灰泪始干"这句诗词在今天有了新的解读。除了表达爱情，更多地用来赞美忠诚、执着、无私的敬业精神和奉献精神。

敬业是一种工作态度，热爱工作的人会把工作作为一种快乐，保持对工作的热情。激发努力工作的强大动力，保持长久的敬业精神，并在工作中找到自我价值，实现自己的人生梦想。工作不分贵贱，奉献不分先后。敬业也是一种奉献精神，大多数人都在平凡的岗位上工作，认真负责、尽心尽力做好本职工作即为做出了自己应有的奉献。鲁迅曾说"有一分热，发一分光"，平凡岗位上的奉献因为默默无闻、不图回报显得更加可贵而光荣，纯

洁而高尚。

敬业作为我们中华民族的优良传统，在实现中华民族的伟大复兴和伟大梦想的过程中，要靠我们每一个人的努力付出、勤奋敬业和拼搏奉献，当前的国情使得敬业精神有了更具体、更特殊的要求和意义。马斯洛需要层次理论提到，当人的某一级的需要得到最低限度满足后，才会追求高一级的需要，人的需要逐级上升成为推动继续努力的内在动力。诸葛亮辅佐刘备成就帝业，鞠躬尽瘁，死而后已；鲁迅以"时间就是生命"严格律己，笔耕不辍，成为文化战线上的民族英雄；袁隆平以"让所有人远离饥饿"为使命，在"失败—探索—再失败—再探索"中反复试验，潜心钻研，被誉为"杂交水稻之父"；居里夫人不为盛名所累，一生奉献给科学事业，成为惟一一位在两个不同学科领域两次获得诺贝尔奖的著名科学家。

对中职学生来说，敬业可以是尊重劳动，热爱工作，争做学习型、创新型、技能型的优秀人才。用一流的工作效率、卓越的专业技术、高超的职业技能，在平凡的工作岗位上做出不平凡的业绩。也可以是树立敬业守信、精益求精的职业精神，在专业领域发挥"大国工匠"精神，把工作看成创造。对工作追求至善，通过长期坚持不懈的努力把职业技能和敬业精神融合起来。提高自身才能，促进技术进步，把平凡的事干得不平凡。

3.2.3 自省

敬业的人最美，请通过观察身边的人和事，寻找我们身边最美的人，用相机留下他们最美的瞬间。

1. 确定主题

参考的活动主题：

（1）数一数交警一分钟要敬多少次礼？

（2）观察教师一节课要说多少话？

（3）对快递员的一天进行一次采访。

我们的活动主题：

_____

_____

_____

2. 活动方案

如表 3-3 所示。

表 3-3　活动方案

活动主题		
班级	组长	指导老师
小组成员及分工		
活动时间及地点		
活动目标		
活动步骤		
活动准备		
注意事项		
预期成果		

3. 实施过程

（1）分工合作。

各小组商定活动主题后确定活动的对象，小组成员按照分工分别担任记录、计算、拍摄、采访等工作。

（2）　小组交流。

整理资料，开展小组讨论，选出最美的人及最能展示其最美瞬间的相片。

（3）　成果展示。

将"我的观察记录"及相片贴在班级学习园地里，与同学分享。

我的观察记录

观察对象：＿＿＿＿＿＿＿＿＿＿＿

观察时间：＿＿＿＿＿＿＿＿＿＿　　　　观察地点：＿＿＿＿＿＿＿＿＿＿

记录内容：＿＿＿＿＿＿＿＿＿＿＿＿＿＿＿＿＿＿＿

＿＿＿＿＿＿＿＿＿＿＿＿＿＿＿＿＿＿＿＿＿＿＿＿＿＿＿＿

＿＿＿＿＿＿＿＿＿＿＿＿＿＿＿＿＿＿＿＿＿＿＿＿＿＿＿＿

结论：＿＿＿＿＿＿＿＿＿＿＿＿＿＿＿＿＿＿＿＿＿

＿＿＿＿＿＿＿＿＿＿＿＿＿＿＿＿＿＿＿＿＿＿＿＿＿＿＿＿

＿＿＿＿＿＿＿＿＿＿＿＿＿＿＿＿＿＿＿＿＿＿＿＿＿＿＿＿

相片：

4. 评价总结

通过观察身边的人和事，寻找最美的人，留下最美的瞬间。评价总结个人在这次活动中的收获，如表 3-4 所示。

表 3-4　评价总结

活动环节	评价内容			
	积极参与	善于合作	取得成果	内心感受
确定主题				
活动方案				
分工合作				
小组交流				
成果展示				

4. 思考问题

（1）　在活动过程中，你见到的敬业精神的表现形式有哪几种？列举其中的两种。

（2）　对比列举出的敬业精神，你可以做到哪几种？怎么做？

3.2.4　求索

1. 观看视频《敬业：动画解读社会主义核心价值观》

视频 3-2　视频《敬业：动画解读社会主义核心价值观》

2. 阅读新闻

用生命诠释初心和使命

——记抗洪中牺牲的广西乐业县驻村第一书记黄文秀
本报记者　刘华新　庞革平　李　纵

暴雨如注、电闪雷鸣，汹涌的洪水漫过道路，眼前是黑压压的模糊世界……这是广西壮族自治区百色市乐业县新化镇百坭村第一书记、30 岁的壮族女干部黄文秀生前传回的最后视频画面。

6 月 16 日深夜，一心想早点回村部署抗洪的黄文秀，途中遭遇山洪不幸牺牲。

黄文秀生活照

牵挂灾情，深夜冒险返村不幸殉职

"现在这么晚了，天气预报说有暴雨，你一个女孩子开车不安全，明早再回吧！"

"不行，我今晚必须赶回去。我也看天气预报了，百坭村那用屯可能发生洪涝……"

6 月 16 日，利用周末刚刚回到百色市田阳县探望病重父亲的黄文秀，不顾家人劝阻，还是决定当晚开车返回乐业县。在回百坭村途中，她还着急地向村干部了解村里山塘、水利设施受损等情况。

在黄文秀 16 日深夜发回的那段视频中清晰可见——她驾驶的车辆陷入滚滚洪流，倾盆大雨浇在挡风玻璃上发出恐怖声响。

154

"她发信息说，被困住了。两头都走不了，雨越来越大。"黄文秀的哥哥黄茂益回忆。

此时，凌云县交警大队副大队长席道怀和同事开车途经，黄文秀向他们求助："两位大哥能不能帮我开一下车，前面水太大，我不敢开。"

席道怀决定自己帮黄文秀把车驶离积水路段，让黄文秀坐上同事的车。等他把车开到安全地带，却发现黄文秀乘坐的车辆没跟上来。

17 日 6 点多，席道怀再次前往失联路段，发现塌方。18 日 11 时 32 分，救援人员在下游河道发现了黄文秀的遗体，席道怀的同事也一同殉职。

一心为民，把扶贫路当作长征路

"在我驻村满一年的那天，我的汽车仪表盘的里程数正好增加了两万五千公里，我简单地发了一个朋友圈：'我心中的长征，驻村一周年愉快'。"不久前，黄文秀在她的扶贫心得里这样写道。

黄文秀是百色田阳县人，2016 年北京师范大学哲学学院硕士研究生毕业。作为定向选调生到百色市工作，曾挂职田阳县那满镇党委副书记，2018 年 3 月任乐业县百坭村第一书记。

百坭村建档立卡贫困户分散居住在不同的山上，对黄文秀这个外乡人来说，要在最短时间内掌握全村贫困户的详细情况相当困难，而且还面临群众的疑虑。

黄文秀在工作中

"要想让老百姓愿意接近我，就得让老百姓觉得我和他们是一样的。"黄文秀碰了钉子后，从自己身上找原因。再到贫困户家里时，她不再拿着本子问东问西，而是脱下外套帮忙扫院子。贫困户一次不让她进家门，她就去两次、三次。贫困户不在家，她就去田里，

边帮他们干农活边聊天。"你这个女娃娃还真是难缠得很哩！"村民们慢慢接受了她，听到这样的玩笑，黄文秀很开心。

"靠山吃山，靠水吃水"，一年多来，黄文秀团结村两委干部，通过考察学习、请专家指导、挨家挨户宣传、党员带头示范等方式，带领群众摸索并发展了适合本村的产业——种植沙糖橘、八角、杉木等。这些产业，如今已成为百坭村的支柱产业和群众脱贫致富的主要来源。

11月是乐业沙糖橘的上市时间，果农最头疼的是滞销。怎么打开销路？黄文秀学习电商知识，建立了百坭村电商服务站。仅去年，经百坭村电商服务站销售出去的砂糖橘就达4万多斤，销售额约为22万元。为30多户贫困户创收，每户增收2 500元左右。

经过一年多锻炼，黄文秀已从"扶贫新手"转变为群众最信赖的人。她到任之时，百坭村的贫困发生率为22.88%。2018年百坭村103户贫困户顺利脱贫88户，贫困发生率降至2.71%，实现了贫困户户户有致富门路，村集体经济项目收入翻倍。她还协调完成了1.5公里的道路硬化，新建蓄水池4座，完成两个屯47盏路灯的亮化工作。

言传身教，党员示范作用处处显现

"送钱送物，不如建个好支部。"第一书记抓什么？黄文秀很清醒，特别注重加强党支部自身的战斗力、凝聚力和创造力。她以乐业县开展的村干部职业化管理工作为契机，大抓基层党组织建设。黄文秀上任后走访了百坭村的38名党员，充分征求党员的意见建议，并将他们划分为3个党小组开展各项活动，经常列席指导。

黄文秀在走访中了解到，群众原来对村里的工作不积极配合，一个重要原因就是村两委为群众办事不够主动，有时群众办事找不见人。黄文秀就从抓实抓严村干部坐班值班制度开始，白天落实专人负责接待群众，晚上与村干部一起开展走访贫困户工作，群众满意度大幅提升。

黄文秀在工作中

原乐业县至凤山县二级路征地拆迁工作进展缓慢，在她的积极走访动员下，项目顺利推进，仅两个月时间就完成了 57 户征地拆迁工作。

她还组织村规民约吟诵比赛，开展全村道德模范人物评选和文明家庭评选活动。去年，百坭村获得百色市"乡风文明红旗村"称号。

作为一名党员，黄文秀始终牢记初心和使命，在工作中处处做表率。村民黄仕京承担不起儿子的学费，黄文秀了解情况后及时为他家申请了"雨露计划"，解了燃眉之急。黄仕京非常感谢，又问她："你是在北京读的研究生，怎么会来我们这么边远的农村工作？"

黄文秀说："百色是全国脱贫攻坚的主战场之一，也是我的家乡，我想为家乡建设出份力。而且党号召我们年轻人到基层建功立业，我是党员，就要积极响应党的号召。"黄仕京听后，表示也要让孩子争取在学校入党，以后回来建设家乡。

同乐镇龙门村第一书记严彬航和黄文秀是同一批到乐业县的。"她很努力，有韧劲，驻村以后把几乎所有个人物品都搬到了村里。"严彬航说。脱贫攻坚进入冲刺阶段，黄文秀作为第一书记深感责任重大。她很喜欢那句话："让扶过贫的人像战争年代打过仗的人那样自豪！"

噩耗传来，新化镇林立村第一书记张胜根泪如雨下："在扶贫攻坚路上我们会不断鼓励自己，不获全胜决不产生撤退的想法。我们会用自己的实际行动践行共产党员的初心和使命，我想这是你想看到的，也是大家共同的愿望！"

《人民日报》（2019 年 06 月 23 日 01 版）

3. 思考问题

（1）视频《敬业：动画解读社会主义核心价值观》中提到："即使你没有成为钱学森或巴菲特的理想，只想做个小职员或小公务员，你也要对得起自己的这份职业，对得起国家给你的这份工资。"你同意这个观点吗？如果你只是一个小职员或小公务员，你打算从哪些方面践行敬业精神？

（2）学习了黄文秀的先进事迹后，你认为黄文秀身上哪一点最值得我们学习？说说你的理由。

3.3　诚信：为一个诺言而信守终生

3.3.1 吟诵

吟诵如下。

人心的法则

舒　婷

为一朵花而死去
是值得的
冷漠的车轮
粗暴的靴底
使春天的彩虹
在所有眸子里黯然失色
既不能阻挡
又无处诉说
那么，为抗议而死去
是值得的

为一句话而沉默
是值得的
远胜于大潮
雪崩似地跌落
这句话
被嘴唇紧紧封锁
汲取一生全部诚实与勇气
这句话，不能说
那么，为不背叛而沉默
是值得的

为一个诺言而信守终身？
为一次奉献而忍受寂寞？
是的，生命不应当随意挥霍
但人心，有各自的法则

假如能够
让我们死去千次百次吧
我们的沉默化为石头
像矿苗
在时间的急逝中指示存在
但是，记住
最强烈的抗议
最勇敢的诚实
莫过于——
活着，并且开口

3.3.2 品鉴

诚信包含诚和信两个方面，诚即是真实、诚恳；信是指对自己的承诺负责，言而有信，诺而有行。诚信要求诚实无欺，恪守信用。诗人舒婷在《人心的法则》诗中提到："为一个诺言而信守终身？为一次奉献而忍受寂寞？是的，生命不应当随意挥霍。但人心，有各自的法则。"作为中国的优秀传统，诚信是个人的道德准则，是家教修养的必修之课，是治国理政的手段。国与国之间应当遵循诚信的交往准则，打造国家的诚信形象，人与人之间要把诚信作为重要的道德品质来继承和发扬。

"民无信不立"，无论对国家、对社会、对个人，诚信皆为安身立命之本。在古代，烽火是边关报警的信号，只有在外敌入侵需要诸侯救援的时候才能点燃。西周周幽王的宠妃褒姒性情冰冷少笑，为博取美人一笑，周幽王反复点燃烽火假召诸侯前来救援。褒姒看到诸侯被戏弄得狼狈不堪的样子，终于开心一笑。当镐京受攻真正需要救援的时候，周幽王再次点燃烽火求救。诸侯们以为又是周幽王为博美人一笑的把戏，再也没有诸侯赶来救援。最终褒姒被俘，周幽王被逼自刎。西周灭亡，这就是历史上有名的"烽火戏诸侯"。

有人因诚信而亡国，也有人因诚信成就霸业。"非极致而不为"是华为公司的品牌理念，作为一家民营通信科技公司，华为公司视诚信为最重要的无形资产，坚持以诚信赢得客户。开拓非洲市场时，非洲本土最大的电信运营商 MTN 需要在赞比亚进行紧急网络扩容，要求一个月内完工。欧美电信工程商认为任务太重，时间太紧，几乎不可能完成。为了赢得非洲市场，树立华为品牌，华为公司通过分析决定承包这个工程。经过全体员工的艰苦作业，华为公司按照约定如期完工，用高信誉、高品质的工程赢得了 MTN 公司的高

度赞赏，并因此获得了 MTN 公司整个非洲网络工程项目。小胜靠智，大胜靠德。在互联网和智能手机飞速发展的今天，网络安全、个人信息泄露成为用户关注度最高的问题之一，2017 年华为承诺"靠技术和服务变现，不靠用户数据变现"。对客户诚信、对社会诚信、对政府诚信、对利益相关者诚信、对员工诚信，华为公司把诚信变为进步的力量和成长的目标。经过 30 多年的努力，华为公司已从注册 2 万元的民营公司成长为拥有 18 万员工，业务遍及 170 多个国家和地区的世界 500 强企业。

诚信无时不在，无处不在。于学生而言，对老师和同学真诚相待、专心听课、不抄袭作业、诚信考试不作弊，违反校规主动承认错误，不隐瞒不欺骗，服从学校实习安排，不迟到早退不旷工，拾到他人物品及时归还，求职材料尊重现实不掺假、助学贷款按合同还款等都是诚信行为。每个人都身体力行遵守诚信，褒扬诚信，惩戒失信，我们会发现更多真善美。

3.3.3 自省

诚信是最重要的道德法则之一，是我们立足社会的根本所在。一个人若无诚信，则无法获得他人和社会的认可，现在就让我们来学习如何制作个人诚信承诺书吧！

1. 确定主题

参考的活动主题：

（1）就业诚信承诺书。

（2）考场诚信承诺书。

（3）廉洁诚信承诺书。

我们的活动主题：

_____

_____

_____

2. 活动方案

如表 3-4 所示。

表 3-4　活动方案

活动主题		
班级	组长	指导老师
小组成员及分工		
活动时间及地点		
活动目标		
活动步骤		
活动准备		
注意事项		
预期成果		

3. 实施过程

（1）分析特点。

根据活动主题，分析就业、考场、廉洁等承诺书的内容有何共同之处和不同之处，并一一记录下来。例如，活动主题为就业诚信承诺书的，结合所学专业和行业特点、工作内容、岗位要求等确定诚信承诺书的写作事项。

（2）学习承诺书的写法。

查找承诺书的范例，在老师的指导下学习承诺书的结构、写作方法、写作要求。

（3）写作诚信承诺书。

根据选定的主题，按照承诺书的写作要求，完成一篇个人诚信承诺书。

4. 评价总结

评价总结个人在这次活动中的收获，如表 3-4 所示。

表 3-6　评价总结

活动环节	评价内容			
	积极参与	善于合作	学习知识	诚信意识
确定主题				
活动方案				
分析特点				
学习承诺书的写法				
写作诚信承诺书				

5. 思考问题

（1）　学习个人诚信承诺书的写作后你对诚信有没有新的认识？

（2）　你能从哪些方面做到信守承诺？

3.3.4　求索

1. 观看视频《诚信：动画解读社会主义核心价值观》

视频 3-3　视频《诚信：动画解读社会主义核心价值观》

2. 阅读超级演说家励志演讲稿

诚信道德，我们的未来

尊敬的各位领导、老师，亲爱的同学们：

大家中午好！我今天给大家演讲的题目是"诚信道德，我们的未来"。

当春回大地的时候，重谈道德诚信的话题，感觉既熟悉又陌生。毕竟，道德诚信在生活中与我们紧紧相随，每时每刻都不曾分离。道德与人类同生，诚信与社会同生。

说到诚信，我想起小时候听到的《狼来了》的故事，从中懂得了做人要诚实，不能说谎。

想到这里，我的心一阵难受。因为在我们的生活中，存在着种种不诚信现象。君不见，有人为了牟取暴利给猪肉注水，以及用福尔马林浸泡海鲜；有人为了赚取更多的利润，造假酒、卖假烟……在我的身边，也有不诚信的现象，有的同学使用捡来的饭卡、抄袭别人的作业，还有的同学盗用老师的名义自批假条，甚至有部分同学考试作弊，以欺骗家长老师。如此种种，怎不令人寒心。走出校园，新闻报道中的暴力、行窃、吸毒、贪污、赌博更让人震惊。弱者无肋，壮士血流。大街污水满地，人嘴脏话漫天……

凡此种种，让人感觉道德已被扭曲，人性已经丧失。

假如长此下去，可以设想世态炎凉，人间冷漠，社会大乱。人心变态，身临其境，人人自危。无数先烈壮士用生命和鲜血换来的成果将毁于一旦，这不是危言耸听。善良的群众呼唤正义现身和良知发现，更呼唤着道德回归。有个故事，说一位贫寒的母亲帮别人买东西，却中奖得了一辆轿车。这位母亲要还给原主，她的孩子反对。母亲说，诚信是我们全家唯一值钱的东西，人穷志不可穷！一个年迈的母亲都可以有这样的品德，而我们年经人呢？

鲁迅先生曾说过："中国欲存争于天下，其首在立人，人立而后凡事举。""立人"的意思便是要完善人的思想和道德修养，人的道德修养并不是与生俱来的，而是靠后天不断完善的。

我们从小接受社会公共道德的教育，很多同学都可以滔滔不绝地大谈社会公德。可是看见校园中随处丢弃的饭盒、饮料瓶，听着某些同学口中吐出的脏话，怎能不教人痛心疾首！难道我们都是语言的巨人，行动的矮子么？我们接受社会公共道德教育，自己却吝于履行，甚至反其道而行之，这跟从来没有接受社会公共道德教育有什么区别？所以我们要实践社会公共道德，就要从这"知行合一"上下功夫、从自己的坐言起行上下功夫，就要告别不文明的行为。每一个人都渴望拥有美好的明天，生活在鲜花盛开的大地。渴望不是等待，幸福美满的生活必须创造和拥有以人与人的道德标准为标志的精神文明和物质文明。加强法制建设，遵守市民公约，请相信蓝天、白云、阳光、雨露、幸福、和平将永远与我们同在。

我记得经济学家茅于轼说过，诚信是在于量的，每个人都从自己开始改善信誉，形成量的积累才能造成一个诚信的社会。是的，千万棵沐浴在诚信的雨露中的树木，必将构成一片诚信的森林。为自己，也为国家的生命和成长，撑起一片明媚的天空。

　　我们不必埋怨这个社会的公共道德水平不高，也不必抱怨自己的力量太单薄，对社会的影响不大。试想一下，面包里的酵母不是很少吗？可是单凭这一点酵母，不是就把面包发起来了么？我们每一位同学都应该做这个时代的酵母，让公共道德发扬光大！

　　同学们，让我们每个人都像爱惜生命一样，珍惜自己的诚信和做人的道德。我坚信，我们的祖国必将如繁茂的森林永远繁荣，永远强大，永远年轻。让我们坚守诚信坚守道德，致力建设和谐的社会，做一个诚实的人！做一个有良好道德修养的人！

　　做人需要道德，道德赢来尊严。

　　做人需要诚信，诚信赢得未来。

　　我的演讲完毕！谢谢大家！

来源：网络整理

思考如下问题：

（1）　诚信与道德之间是什么关系？

（2）　演讲稿中所举的不诚信的例子你遇到过哪几个？

（3）　诚信的缺失对你的生活造成过影响吗？分别是什么影响？

（4）　针对演讲稿中列举的诚信缺失问题，你该怎么做？

3.4　友善：闻多素心人，乐与数晨夕

3.4.1　吟诵

吟诵如下。

移居二首

陶渊明

其一

昔欲居南村，非为卜其宅。

闻多素心人，乐与数晨夕。

怀此颇有年，今日从兹役。

敝庐何必广，取足蔽床席。

邻曲时时来，抗言谈在昔。

奇文共欣赏，疑义相与析。

其二

春秋多佳日，登高赋新诗。
过门更相呼，有酒斟酌之。
农务各自归，闲暇辄相思。
相思则披衣，言笑无厌时。
此理将不胜？无为忽去兹。
衣食当须纪，力耕不吾欺。

3.4.2 品鉴

陶渊明隐居上京时，因旧宅失火暂时以船为家。两年后，陶渊明移居到浔阳南里（今江西九江城外）之南村村舍不久写下了这组诗。陶渊明田园诗的风格朴素平淡、自然真率，在这组诗中，陶渊明描绘了和谐坦诚的邻里友谊，写出了人与人之间的真诚和纯朴。这种友善、互助、关爱的精神与社会主义核心价值观所提倡的友善都是中华民族千百年来形成的传统美德，也是公民维系良好人际关系和社会关系的基本道德规范。

在唐朝，由于交通不便、缺乏交流，人们对吐蕃的了解甚少。吐蕃在与大唐的战争中落败以后，为了加强与唐朝的联系，学习唐朝的先进文化，松赞干布想与唐朝友好相交，提出和亲的请求。文成公主代表唐朝前往吐蕃与松赞干布联姻，她不仅带去了友好，也带去了唐朝先进的技术和文化。促进了两国之间的友好往来，换来了两个民族的和睦共处。文成公主和亲不仅是汉民族与少数民族的通婚之好，更是汉民族与各兄弟民族携手共进的历史见证，巩固了民族大家庭的和睦与繁荣。

今天，南宁市兴宁区望州南社区活跃着一支深得人民群众称赞的"巾帼志愿者服务队"。她们除了维护小区治安外，还开展护绿、消防、调解和健康向上的社区文体活动。做到"衣食住行能帮就帮，求学就业能帮就帮，扶贫济困能帮就帮，大事小事能帮就帮"，把互助、友善、和谐的邻里关系演绎为具有深厚群众基础的南宁城市精神"能帮就帮"。2010 年望州南社区"巾帼志愿者服务队"事迹被拍成电影《能帮就帮》，南宁需要这种精神，人民也需要这种精神。

"勿以善小而不为，勿以恶小而为之"，有些事情看起来很小，做起来对别人的意义却很大。友善不是高高在上的施舍，而是点点滴滴的善行。不乱扔垃圾、扶老人过马路、在公交车或地铁上让座、喂食流浪的小动物、无偿献血，甚至是不说脏话、友好的微笑、认真倾听，都是对人、对物、对环境的友善。作为学生，热爱学习、尊重师长、坦诚相待、互相关心，参与构建温暖的和谐校园，打造良好的学习环境，就是对同学、对老师和对学校的友善。

3.4.3 自省

"纸上得来终觉浅，绝知此事要躬行。"于人于己，友善都是一件双赢的事情。友善可以从身边的点点滴滴做起，既温暖他人，也温暖自己。学校计划开展一次爱心主题活动，让同学们在实践中体会友善。

1. 确定主题

参考的活动主题：

（1）学雷锋义务维修主题活动。

（2）旧衣捐赠活动。

我们的活动主题：

_____

_____

2. 活动方案

如表 3-7 所示。

表 3-7　活动方案

活动主题		
班级	组长	指导老师
小组成员及分工		
活动时间及地点		
活动目标		
活动步骤		
活动准备		
注意事项		
预期成果		

3. **实施过程**

（1）搜集活动意向。

根据活动主题，收集同学们的活动意向，填写表 3-8。

表 3-8　活动意向

序　号	姓　名	任　务	措　施
1			
2			
3			
4			

（2）前期准备。

- 向学校报备活动方案。
- 根据活动主题，准备活动所需用具。例如，活动主题为学雷锋义务维修主题活动，根据实际情况准备桌子、凳子、台卡、太阳伞、水牌、维修工具箱等。
- 进行活动前期宣传。

（3）开展活动。

- 组长根据活动方案进行任务分配。
- 组织小组成员开展活动。

4. **评价总结**

"赠人玫瑰，手有余香"，当他人需要帮助的时候，请伸出你的手。当你得到别人的帮助，请把这种友善传递下去。评价总结个人在这次活动中的收获，如表 3-9 所示。

表 3-9　评价总结

活动环节	评价内容			
	积极参与	善于合作	取得成果	内心感受
确定主题				
活动方案				
搜集活动意向				
前期准备				
开展活动				

4. **思考问题**

（1）在帮助别人的过程中，你对友善的认识发生了哪些变化？

（2）对于友善的传递你有没有什么新的主意？

3.4.4 求索

1. 观看视频《友善：动画解读社会主义核心价值观》

视频 3-6　视频《友善：动画解读社会主义核心价值观》

2. 观看视频《太阳和风》

视频 3-7　视频《太阳和风》

3. **阅读**

阅读下面的小故事。

太阳和风

　　一天，太阳和风争论究竟谁比谁更有力量。风说："你看下面那个穿着外套的老人，我打赌可以比你更快地让他把外套脱下来！"说完后，便使劲儿向老人吹去，想把老人的外套吹下来。但它越吹，老人将外套裹得越紧。后来，风累了，没力气再吹了。这时，太阳从云的背后走出来，将温暖的阳光洒在老人身上。没多久，老人就开始擦汗了，并把外套脱了下来。于是，太阳笑着对风说："其实，友善所释放的温暖比强硬更有力量。"

　　面对同一件事，以两种不同的态度来对待，结果便会迥然。太阳能比风更快地让老人脱下外套，说明友善的态度更能温暖人心，进而感动对方。使其渐渐改变敌对的想法，这是一味地咆哮和猛烈攻击等强硬作为所望尘莫及的。很多时候，用强硬解决问题，往往会一无所获；若用友善取而代之，最后则会令你喜出望外。

　　思考在现实生活中，你遇到问题最常用的是风的方式还是太阳的方式？哪一种方式更有效？请举例说明。

第 3 篇

典故博文篇

第1章

国家层面：富强、民主、文明、和谐

1.1 富强："东方魔稻"富强路

1.1.1 吟诵

吟诵如下。

袁隆平的杂交水稻富强路

《社会主义核心价值观 青少年故事读本》
王九菊　主编　乔忠延　著　山西出版传媒集团

袁隆平，中国工程院院士，杂交水稻育种专家，被称为中国的"杂交水稻之父"。

1953 年，袁隆平毕业于西南农学院，被分配到了偏远落后的湘西雪峰山麓安江农校教书。在三年困难时期袁隆平亲眼见到有人饿倒在路边、田坎上，很多人因饥饿得了浮肿病。农校的老师被下放到最艰苦的地方锻炼，在集体食堂里由于粮食短缺，他们的饭都是"双蒸饭"。即用水蒸了两次，饭粒看起来很大，但是吃了之后很快就饿了。当时，大家唯一的希望就是能够吃顿饱饭。袁隆平为这严酷的现实感到不安，思索再三，他认为只有靠科技

进步才能战胜饥饿。于是潜心研究水稻育种，希望通过自己的努力能够让所有人不再挨饿。

在研究杂交水稻的十多个春秋里，袁隆平经历了一次又一次失败，熬过了一次又一次挫折，经受了一次又一次打击。最后袁隆平以自己的才华和不懈的努力，在古老的土地上创造了非凡的奇迹，最终将杂种优势广泛应用于水稻生产。

目前，在我国有一半的稻田里播种着袁隆平培育的杂交水稻，每年收获稻谷的 60% 源自他培育的杂交水稻种子。袁隆平的贡献不仅在于解决了中国人民的吃饭问题，而且他应邀向外国传授杂交水稻的益处。目前中国杂交水稻已在世界上 30 多个国家和地区进行研究和推广，并被冠以"东方魔稻""巨人稻""瀑布稻"等美称。

1.1.2 品鉴

袁隆平是家喻户晓的人物，从小学到初中课本，一直到大学的课本，我们都可以见到袁隆平的名字。尤其是他那张蹲在田地里的照片，使人印象尤为深刻。袁隆平不仅是我国杂交水稻研究的总设计师，而且还是我国杂交水稻之父。他的杂交水稻技术既解决了人民的温饱问题，又通过不断提高水稻产量，增加了广大农民的收入。袁隆平钻研科学技术，通过促进科技进步为国为民谋福利。他的杰出成就不仅属于中国，而且影响世界，为国家富强做出巨大贡献。

富强作为社会主义核心价值观关键字之一，指的是人民富裕和国家强大。民富是国强的基础，国强是民富的保证。富强，是社会主义现代化国家经济建设的应然状态，是中华民族梦寐以求的美好愿望，也是国家繁荣昌盛、人民幸福安康的物质基础。习总书记说："实现中华民族伟大复兴的中国梦，就是要实现国家富强、民族振兴、人民幸福。"实现国家富强，实现民族伟大复兴的中国梦的任务艰巨，道路漫长，需要更多像袁隆平一样辛勤耕耘、不懈探索的人为实现国家富强做出自己的贡献。

中国梦，国之梦。作为中等职业教育学生的我们，年纪尚小，不能解决国之大事。然而我们却可以用我们自己的力量，为伟大的复兴梦添砖加瓦。风华正茂的年纪，用知识武装自己，接过承载着中国梦不灭的火炬，开辟中国复兴的天地。我们要以蓬勃的朝气迎接祖国复兴的旭日，告诉历史"数风流人物，还看今朝"。当复兴的乐章在东方奏响，追梦的朝阳缓缓升起，神州大地，华夏九州，到处充满奋斗的气息。"路漫漫其修远兮，吾将上下而求索"，锦绣前程到来之前，必定有艰难的进程。我们不必急于求成，只需排除万难，迎接新生。脚踏实地地付出努力，兢兢业业地恪守职责，积极大胆地尝试创新。为自己的梦不断努力，为国家富强，为伟大的民族复兴尽自己的一份力量。

1.1.3 自省

成为技术强国，实现国家富强，离不开技术能手的不懈探索与贡献，你们了解过哪些技术能手的故事呢？

1. **确定主题**

寻找并采访技术能手，感受其榜样力量，为自己树立学习目标，为实现国家富强尽自己的一份力量。

参考的活动主题：

（1）采访校内技能大师（教师）。
（2）采访校内全国技能大赛获奖选手（学生）。
（3）采访某个汽车企业的技能大师。

我们的活动主题：

_____

_____

_____

2. **活动方案**

如表 1-1 所示。

表 1-1　活动方案

活动主题		
班级	组长	指导老师
小组成员及分工		
活动时间及地点		
活动目标		
活动步骤		
活动准备		
注意事项		
预期成果		

3. 实施过程

（1）填写"我的采访记录"。

我的采访记录

采访对象：＿＿＿＿＿＿＿＿＿＿

采访时间：＿＿＿＿＿＿＿＿＿＿　　　采访地点：＿＿＿＿＿＿＿＿＿＿

采访内容：＿＿＿＿＿＿＿＿＿＿＿＿＿＿＿＿＿＿＿＿

＿＿＿＿＿＿＿＿＿＿＿＿＿＿＿＿＿＿＿＿＿＿＿＿＿＿＿＿＿

＿＿＿＿＿＿＿＿＿＿＿＿＿＿＿＿＿＿＿＿＿＿＿＿＿＿＿＿＿

我的结论：＿＿＿＿＿＿＿＿＿＿＿＿＿＿＿＿＿＿＿＿

＿＿＿＿＿＿＿＿＿＿＿＿＿＿＿＿＿＿＿＿＿＿＿＿＿＿＿＿＿

＿＿＿＿＿＿＿＿＿＿＿＿＿＿＿＿＿＿＿＿＿＿＿＿＿＿＿＿＿

相片：

（2）整理资料，开展小组讨论，选出最棒的技术能手及最能展示其技术魅力的相片。

（3）将"我的采访记录"及相片贴在班级学习园地里与同学分享。

4. 评价总结

如表 1-2 所示。

表 1-2　评价总结

活动环节	评价内容				
	热情参与	善于合作	富有创意	获得成果	享受快乐
确定主题					
制定方案					
收集记录					
分工合作					
展示交流					

1.1.4　求索

1. 聆听社会主义核心价值观组歌之一——《富强歌》

歌曲 1-1　社会主义核心价值观组歌之一——《富强歌》

富　强　歌

作词：车　行
作曲：李　昕

绿色的乡村越来越漂亮，红火的城市越来越兴旺
前方的道路越来越宽广，亲爱的祖国越来越富强

中国梦在路上，中国路在东方
中国造在开创，中国人在兴邦

2. 阅读漫画图解富强篇

漫画 1 如图 1-1 所示。

图 1-1　漫画 1（作者：顾培利）

来源：大河艺术网

2008 年，北京成功举办第 29 届夏季奥林匹克运动会。中国以 51 枚金牌居金牌榜首位，成为奥运历史上首个登上金牌榜首的亚洲国家。北京奥运会被当时任国际奥委会主席的雅克·罗格评价为"一届真正的无与伦比的奥运会"。

漫画 2 如图 1-2 所示。

图 1-2　漫画 2（作者：顾培利）

来源：大河艺术网

改革开放以来，中国经济强势发展。2010 年，中国国内生产总值接近 40 万亿元，超过日本成为仅次于美国的世界第二大经济体。

漫画 3 如图 1-3 所示。

图 1-3　漫画 3（作者：顾培利）

来源：大河艺术网

2012 年，中国通过不懈努力打造的第一艘可以搭载固定翼飞机的航空母舰"辽宁号"诞生。"航母 style"引发亿万网友的网络狂欢模仿秀，以此表达他们的民族自豪感。

漫画 4 如图 1-4 所示。

图 1-4　漫画 4（作者：顾培利）

来源：大河艺术网

神舟系列火箭从载 1 人到载 3 人不断升级，从发射卫星到建立空间站，中国的航天技术不断发展。"嫦娥探月""蛟龙深潜"，无不有力地显示了中国的日益强大。

漫画 5 如图 1-5 所示。

图 1-5　漫画 5（作者：顾培利）

来源：大河艺术网

2014 年，北京成功举办亚太经合组织第 22 次领导人非正式会议中国 APEC 峰会，会议产生的启动亚太自贸区、互联互通蓝图等红利将长期惠及世界。此次会议为 APEC 的历史打上了中国烙印，为今后 APEC 的发展指明了方向。

漫画 6 如图 1-6 所示。

图 1-6　漫画 6（作者：顾培利）

来源：大河艺术网

中国的富强追求的是美美与共、协和万邦，反对的是恃强凌弱、排斥异己。富强中国，富而不骄，富而好礼，永远不会威胁他人。

思考如下问题：

（1）2008 年北京奥运会被当时任国际奥委会主席的雅克·罗格评价为"一届真正的无与伦比的奥运会"，奥运会是如何体现国家富强的？

（2）航天科技在实现国家富强的目标中有何重要作用？

（3）你如何理解"富强中国，富而不骄，富而好礼"这句话？中国实现国家富强的最终目的是什么？

1.2　民主：全国人民代表大会上的第一张反对票

1.2.1　吟诵

吟诵如下。

全国人民代表大会上的第一张反对票

1988 年 3 月 28 日，是一个值得记住的日子。这一天临近中午时分，第七届全国人大一次会议进入上午的"收官之战"——选举专业委员会的主任委员。很多记者纷纷离场，按照以往的经验，这种选举大多出不了新闻。这时一个声音通过麦克风的传递响彻全场："我反对！"没有撤离的记者迅速围拢过来。

此时，坐在大会主席台上的邓小平身体微微前倾，认真地听取这位代表的发言。一位老者西装笔挺，在过道上的麦克风前面慷慨陈词："我不认识这位候选人，但从简历上看，他已八十有九。这么大岁数的人，不应该再辛劳他了，应该让他好好保重身体，难道就没有年轻人为国家做事？"这位代表所指是教科文卫一位主任委员，发言结束后全场掌声雷动。

后来，记者们才知道这位老者是来自台湾省代表团的黄顺兴。他当过台东县的县长，又做过台湾省的"立法委员"。由于言辞激烈地批评国民党，所以素有"黄大炮"之誉。在随后的表决中，有人投了反对票；另有 61 人投了弃权票。虽然这些反对票并没有改变这次选举的结果，但是黄顺兴地那句"我反对"，却是新中国成立后全国人民代表公开表达反对意见的第一声。

随着民主制度的不断完善，人大代表和政协委员的民主权利进一步有了保障，其中表决器的产生就是民主政治建设进步的标志和保障的有利条件。

2001 年 2 月 14 日，又是一个难忘的日子。沈阳市第十二届人大四次会议，沈阳中院的报告进入表决程序。

作为人大代表的冯有为有些犹豫，他已在很多场合投过反对票，这次依然选择了投反对票。他没有想到的是与以往不同，这一次中院的报告没有通过，其中表决器的启用改变了人大代表之前欲说又不敢言的历史。

表决器的优势在于代表投票只需轻触按钮即可悄然完成，不用再像过去一样在众目睽睽之下将手高高举起。正是这样一种"触摸式的民主"，改变了人大代表之前欲说又不敢言的历史，悄然推动着中国的民主建设进程。

香港《大公报》评论说："从 1988 年黄顺兴代表投下全国人民代表大会有史以来的第一张反对票，到如今一些决议表决中出现的 500 多张反对票和 100 多张弃权票，20 年时间，人大代表们用选票表达意愿的能力日趋提高，民众的声音越来越响亮。"

1.2.2 品鉴

何谓民主，顾名思义，民主即让人民当家作主。民主是人类社会的美好诉求，我们追求的民主是人民民主，其实质和核心是人民当家作主。它是社会主义的生命，也是创造人民美好幸福生活的政治保障。

"民主"一词最早见于《尚书·多方篇》，其中多次说"天惟时求民主""诞作民主"。在这里，"民主"即"民之主"，就是管理人民的君主。作为动词，则是为民做主。我国古代思想家提出了"以民为本""立君为民"的政治理念，主张君主应当代表和服务人民的利益，做民之向导。通过"民主"一词，我国解决了国家政权与国民利益之间的结合问题，形成了中国特色的民主政治思想。

党的十八大提出，把民主作为中国特色社会主义核心价值观。这是中国特色社会主义建设事业的一个系统性的要求，强调要不断地扩大人民民主。在全面建成小康社会的目标中，民主制度要更加完善，民主形式要更加丰富，人民的积极性和主动性要进一步发挥。依法治国的基本方略要全面落实，法治政府基本建成。司法公信力不断提高，人权得到切实保障和尊重，这是作为我们全面建成小康社会的一项重要的内容提出来的。

民主选举是人民群众权利最直接、最核心的保障，民主必须落实到选举。因为选举的目的是通过大多数人选择最能够表达他们意愿和利益的代表，然后通过这些真正选举产生的代表和代议机构行使监督行政、司法等机构的职权，这也是我国宪法和人民代表大会制度本来之意。在吟诵文章中，由"举手表决"到"按键表决"是一个进步。随着社会的发展，"一致通过"的形式越来越遭到质疑，反对票逐渐走入人们的视野。投反对票或弃权票，是投票人的民主权利，也是一种民主精神。"按键表决"无疑更利于民主的发扬，更利于人民群众表达自我的意愿。

选举很重要，但选举远不是民主的全部。除了选举之外，还应当在其他方面不断探索实现民主的新的途径，来发展社会主义民主政治。例如，民主的原则应体现在权力运作的整个过程中。选举解决的是授权问题，而授权只是民主制度运作的环节之一。掌权者确定之后，权力进入了运作的过程。作为主人的人民有权利，也有义务积极参与这一过程，这叫做"参与民主"。又如，民主还体现在政府决策中。权力机关进行决策时，所反映的方方

面面的利益、愿望和要求越全面，这个决策就越科学。如果建立一种机制，使各不同社会阶级、阶层、群体及其代表有足够的机会进行协商，使各方利益各得其所，这叫做"协商民主"。再如，制约权力同样需要民主。为了避免掌权者运用权力不合理，或是滥用权力，必须为公众提供足够的对权力运行进行监督的途径和渠道，这叫做"民主监督"。还有，整个国家的管理应当走向民主化。在世界性的公共管理改革浪潮的推动下，"公共治理"的概念逐步为公众所认可和接受。公众的自我管理成为国家和社会管理越来越重要的组成部分，政治管理的主体多元化的趋势日益明显。在社会主义民主政治建设过程中，民主越来越制度化，越来越程序化，越来越规则化；同时让人民参与的范围越来越大，只有这样才能让群众可以预期有效地参与民族决策、民主管理、民主监督。

党的十八大报告指出"人民民主是我们党始终高扬的光辉旗帜""人民民主是社会主义的生命""国家一切权力属于人民"。当今的中国在实现中国梦的征途上生机勃勃，现实充分而有力地证明了我国的民主制度是好的，是有生命力的，这就是我们对制度充满自信之所在。当然，不可否认我国社会主义民主政治建设仍处于初级阶段，还有许多不完善和不足之处。这就更加需要所有国民自觉自愿地培育、践行正确的民主价值观，积极支持党和国家稳妥推进政治体制改革，发展更加广泛、更加充分、更加健全的人民民主。

1.2.3 自省

民主包含民主决策、民主管理、民主监督，校园民主的发展同样包含这 3 方面。

1. 确定主题

参考的活动主题：

（1）参加一次校园民主生活会，如师生座谈会。
（2）寻找校园内的"民主监督"点。
（3）参与一次校园民主管理工作，如参观食堂关注食品安全。

我们的活动主题：

_____

_____

_____

_____

2. 活动方案
如表 1-3 所示。

表 1-3　活动方案

活动主题		
班级	组长	指导老师
小组成员及分工		
活动时间及地点		
活动目标		
活动步骤		
活动准备		
注意事项		
预期成果		

3. **实施过程**

（1）填写"我的活动记录"。

我 的 活 动 记 录

活动时间：_____　　　活动地点：_____

活动内容：_____

_____

_____

我的结论：_____

_____

_____

相片：

（2）　通过整理资料和小组讨论，选出最好的活动记录并交流个人的活动体会。

（3）　将"我的活动记录"贴在班级学习园地里与同学分享。

4. 评价总结

如表 1-4 所示。

表 1-4　评价总结

活动环节	评价内容				
	热情参与	善于合作	富有创意	获得成果	享受快乐
确定主题					
活动方案					
收集记录					
分工合作					
展示交流					

1.2.4 求索

1. 聆听社会主义核心价值观组歌之一——《民主歌》

歌曲 1-2　社会主义核心价值观组歌之一——《民主歌》

民 主 歌

作词：车　行
作曲：戚建波

百花园齐开放
百鸟歌声在飞扬
真善美大合唱
敞开心灵的门窗
你我他都一样
表达心愿没框框
大家干大家想
为家为国要担当

2. 阅读漫画图解富强篇

漫画 1《敞开》如图 1-7 所示。

图 1-7　漫画 1《敞开》（作者：冯印澄）

政务公开就是让权力在阳光下运行，用制度管人、用制度管事，使国家机关信息公开，行政权力公开透明运行。这是现代政府的内在必然要求，也是推进依法行政、打造"阳光政府"、提升政府公信力的重要举措。

漫画2《政务公开》如图1-8所示。

图1-8　漫画2《政务公开》（作者：张越）

扩大群众表达权，关键是要建立健全群众表达机制，并使之成为制度。尤其是在涉及群众根本利益、群众最关心的一些公共决策过程中，必须给群众表达以畅通而高效的渠道。让"民意直通车"跑得更快，行得更远。

漫画3《民意直通车》如图1-9所示。

图1-9　漫画3：《民意直通车》（作者：周大庆）

实践证明，权力不受监督和约束难免导致腐败。一个健全的社会，应该是行政监督、民主监督、舆论监督等多种监督民主机制共同存在和发挥作用。各种监督手段并行，层层把关，有助于遏制腐败。

漫画 4《层层把关》如图 1-10 所示。

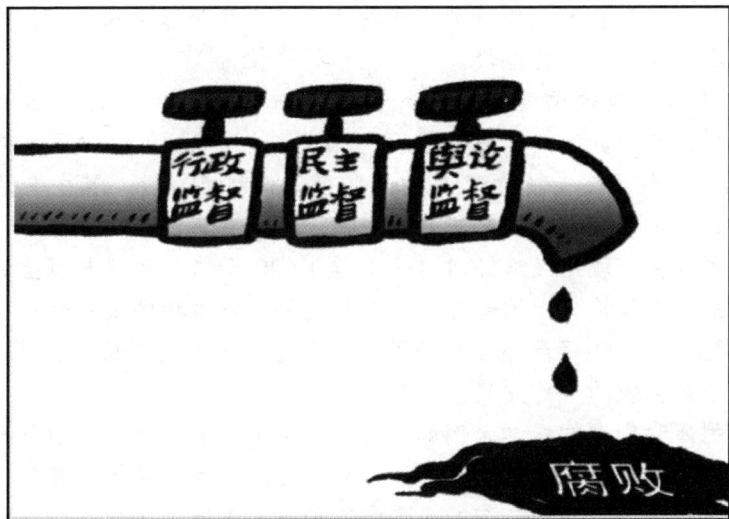

图 1-10   漫画 4《层层把关》（作者：李二保）

听证会制度虽是西方舶来品，但已经在中国落地开花。它推动了公众参与的意识和热情，是社会主义民主法制的重要体现。除了在行政和决策中的重要作用，听证会制度在立法过程中也扮演着日益重要的角色。公民参与立法，彰显了立法进步。

思考如下问题。

（1） 打造"阳光政府"是提升政府公信力的重要举措，那么在校园中，有哪些举措是体现校务公开的？

（2） 扩大群众表达权，让"民意直通车"跑得更快，行得更远，扩大群众表达权的关键点是什么？

1.3   文明：亲善产生幸福 文明带来和谐

1.3.1   吟诵

吟诵如下。

亲善产生幸福，文明带来和谐。

——雨果

拥有一颗公德心

每次去北京怀柔雁栖镇，在通往长城的山路上都能看到用中英文写的告示牌："除了相片，什么都不要带走；除了脚印，什么都不要留下。"这类告示牌，已经在这里竖立 11 年了。11 年前，英国人威廉在雁栖镇的西栅子村建立了一个长城环保组织，吸纳 6 名当地村民为环保员，定期到长城上捡拾垃圾。

威廉他们 11 年来捡拾的垃圾已达数千公斤，观光长城，游人如织，这些垃圾都是络绎不绝的游客兴尽之余随手丢弃的。威廉曾躲在长城上的一条小路上做了一个小调查，结果发现 25% 的游客会把垃圾带走，而 75% 的游客会随处乱扔垃圾，其中有沾满油迹的食品袋、踩瘪了的易拉罐，以及纸巾、果皮、饮料瓶、塑料袋等。

雁栖镇内的明代古长城沿线途经 4 个村，全长 20 千米。这段长城上的北京结、九眼楼、鹰飞倒仰都是人类建筑史上的奇迹，也是村民们捡拾垃圾的重点地段。从西大墙到鹰飞倒仰这一段约两千米，环保员孙宝利每周走两三趟，每趟花四五个小时。每走一回，捡拾的垃圾塞满两个装化肥的大蛇皮袋。

有时候，文明离我们真的好远。例如，公交车站等车的人很多，但是没有多少人遵守秩序排队。公园里，有人坐在草地上休息，甚至野餐。有人在商场、餐厅、体育馆等公共场所随意点燃一根香烟。大街上，有的人带宠物狗出来遛弯，无视宠物狗在大街上的排泄物。垃圾桶旁边，有人丢垃圾没入桶，却像未看见一样转身就走；有时候，文明离我们真的很近。例如，公交车站，等车的人很多，但是大家都遵守秩序排成一字长队。公园里草坪上干干净净，没有一个人践踏的痕迹，小草快乐地生长。商场、餐厅、体育馆等公共场所，吸烟的人自觉到吸烟区抽烟。大街上，带宠物狗出来遛弯的人自觉地清理宠物狗的排泄物。垃圾桶旁边，有人丢垃圾未入桶，蹲下捡起后重新放入桶内。

文明离我们是远还是近，往往只是一念之差。当文明要离我们远去的时候，我们其实只要稍微多费一点点力气，就能抓住文明、拥抱文明，让它回到我们的身边。人人都应该有一颗公德心，让文明一直伴随我们的日常生活。我们都应努力，从身边最不起眼的小事做起，争做一个文明的人。

选自《我们的价值观：初中年级读本》，百花洲文艺出版社

1.3.2 品鉴

文明是一个社会的道德风貌，是一个人的基本素质。一个社会的风貌可以陶冶人的素质，个人的素质高低将决定社会风貌的好坏。

"除了相片，什么都不要带走；除了脚印，什么都不要留下。"这是上述文章中最能撞击人心灵的告示语。每年观光长城的游人如织，如果威廉调查的 75% 的人自觉地把垃圾带走，就不会出现"从西大墙到鹰飞倒仰这一段约两千米，环保员孙宝利每周走两三趟，每趟花四五个小时。每走一回，捡拾的垃圾塞满两个装化肥的大蛇皮袋"的现象。

珠峰作为世界上最高峰，举世瞩目，它也同样受到了垃圾的困扰。定日县珠峰管理分

局于 2018 年 12 月发布公告，禁止任何单位和个人进入珠峰保护区绒布寺以上区域，引起社会上很大的反响。从 2019 年起，游客大本营将后撤至绒布寺一带。好好的珠峰大本营为何要退后？答案其实很简单，即珠峰已经成为世界最高的垃圾场。每年的 4 月到 6 月是珠峰最热闹的时段，有 7 万～10 万名游客聚集在珠峰大本营。帐篷、氧气瓶、塑料袋、睡袋等随处可见的垃圾，还有多达 12 吨的排泄物。在过去的 50 多年里，有近 300 人死在了登顶珠峰的路上，严重污染了珠峰的水资源。在西藏，有很多志愿者冒着生命危险，一步步地艰难爬山清扫垃圾。一位 30 多岁的男人曾认真地说：“我现在还没有孩子，我不想我的孩子长大以后，只能在照片里看到这里，连真正的西藏是什么样子都看不见了。”这位志愿者朴实的语言告诉世人只要足够在乎，每一份力量都不会太小，我们的一举一动都在改变着珠峰。正如文章中提到的：“文明离我们是远还是近，往往只是一念之差。”文明一直伴随着我们生活，人人都应该从自己做起，从身边的小事做起，保护我们的文明古迹，生态环境。

　　教育家说：“环境是塑造人的摇篮。”校园文明建设是提高国民素质的重要途经之一。下课时，学生向老师道一声：“谢谢老师！老师，您辛苦！”体现了尊师重教的礼仪风尚。每次上下课之前，做好学习工位的打扫与安全检查体现了良好的学习习惯。每日按卫生标准将宿舍整理打扫干净，在拥挤的食堂里有序地排队打饭体现了良好的生活习惯素养……校园文明从学生的日常生活中养成，从你我做起，从小事做起。讲文明树新风，行文明事，做文明人，创造好的学习、生活环境。共同建设美丽家园，提高自我的文明素养。在文明社会里，人们享受的是无处不在的温暖；反之，则是世态炎凉。在世态炎凉的社会里，生活、学习、工作，处处难以方便。因此从古至今，世人都在渴望文明，传播文明。让文明像春风一样与你，与我，与他常相伴。

1.3.3 　自省

　　中职生养成良好的文明行为规范是创建文明校园和培养优秀人才的基础，校园文明行为有哪些呢？

1. 确定主题

　　讲文明树新风，行文明事，做文明人，共建美丽校园。用手机记录文明行为的点点滴滴，感受“人人讲文明”给我们校园生活带来便利与快乐。

参考的活动主题：

（1）“文明礼仪随手拍”微视频制作。
（2）“文明礼仪随手拍”相片展板制作。

我们的活动主题：

_____

_____

2. 活动方案

如表 1-5 所示。

表 1-5　活动方案

活动主题					
班级		组长		指导老师	
小组成员及分工					
活动时间及地点					
活动目标					
活动步骤					
活动准备					
注意事项					
预期成果					

3. 实施过程

（1）　小组成员按照分工分别担任主编、拍摄、编辑、文字说明等工作。

（2）　整理资料，小组讨论确定视频制作或相片展板的方案并完成制作任务。

（3）　成果展示。

- 每个小组选派一名解说员对本组的微视频或相片展板设计进行解说。
- 将优秀作品推荐给校信息中心在校宣传大屏幕上播放，引导广大师生从现在做起、从自己做起、从小事做起、从细处做起，争当文明标兵。

4. 评价总结

如表 1-6 所示。

表 1-6　评价总结

活动环节	评价内容				
	热情参与	善于合作	富有创意	获得成果	享受快乐
确定主题					
活动方案					
收集记录					
分工合作					
展示交流					

1.3.4　求索

1. 聆听社会主义核心价值观组歌之一——《文明歌》

歌曲 1-3　社会主义核心价值观组歌之一——《文明歌》

文 明 歌

作词：车　行
作曲：戚建波

看起来阳光说起来神圣
我们有个朋友叫做"文明"
理想和智慧是他的身影
道德和情操是他的言行
啦啦啦啦　啦啦啦啦
道德和情操是他的言行
文明是灿烂的笑容
文明是动人的风景
文明是普通的事情
文明是美丽的心灵
文明是灿烂的笑容
文明是动人的风景
文明是普通的事情
文明是美丽的心灵

2. 观看小品《扶不扶》

视频 1-1　小品《扶不扶》

3. 阅读社会主义核心价值观"文明"图文篇

思考：出境旅游时中国公民如何表现能充分体现文明中国、礼仪之邦风采？请举例说明。

文明是社会进步的重要标志，也是社会主义现代化国家的重要特征。它是社会主义现代化国家文化建设的应有状态，是面向现代化、面向世界、面向未来、面向民族的科学的社会主义文化的概括，也是实现中华民族伟大复兴的重要支撑。

开放文化设施有利于民众文化生活水平的提升，提供免费的"文化大餐"就是让人民分享改革成果的形式之一。欣赏漫画《分享》，如图 1-11 所示。

图 1-11　漫画《分享》（作者：蒋跃新）

文明过马路，折射着城市的形象、市民的素质和城市的整体文明程度。机动车礼让斑马线上的行人，做到"文明行车、礼让行人"。而行人也应该树立规则意识，养成良好的交通习惯。文明和谐交通环境的形成，需要每一个人从自身遵守交通规则做起。欣赏漫画《都市愿望》，如图 1-12 所示。

图 1-12　漫画《都市愿望》（作者：黄伟钦）

中国公民出境旅游，一言一行代表国家形象，体现中国文明程度和国民素质修养。增强文明出游意识，提升文明旅游素质，是每位游客和旅游从业者的共同责任。欣赏漫画《出境旅游文明伴我行》，如图 1-13 所示。

图 1-13　漫画《出境旅游文明伴我行》（作者：赵乃育）

欣赏漫画《爱护环境讲卫生，垃圾杂物莫乱扔》，如图 1-14 所示。

图 1-14　漫画《爱护环境讲卫生，垃圾杂物莫乱扔》（作者：赵乃育）

欣赏漫画《候车就餐要排队，购物登机有谦让》，如图 1-15 所示。

图 1-15　漫画《候车就餐要排队，购物登机有谦让》（作者：赵乃育）

欣赏漫画《保护文物皆有责，乱涂乱刻当谴责》，如图 1-16 所示。

图 1-16　漫画《保护文物皆有责，乱涂乱刻当谴责》（作者：赵乃育）

欣赏漫画《公共场合重礼仪，喧哗打闹太失礼》，图 1-17 所示。

图 1-17　漫画《公共场合重礼仪，喧哗打闹太失礼》（作者：赵乃育）

欣赏漫画《文明住宿把头带，房间物品莫损坏》，如图 1-18 所示。

图 1-18　漫画《文明住宿把头带，房间物品莫损坏》（作者：赵乃育）

欣赏漫画《当地风俗要尊重，参观游览守规定》，如图 1-19 所示。

图 1-19　漫画《当地风俗要尊重，参观游览守规定》（作者：赵乃育）

欣赏漫画《休闲娱乐要健康，色情赌博莫染上》，如图 1-20 所示。

图 1-20　漫画《休闲娱乐要健康，色情赌博莫染上》（作者：赵乃育）

1.4　和谐：和谐是社会的理想

1.4.1　吟诵

吟诵如下。

和谐之美

和谐是什么？天地苍茫，宇宙洪荒。和谐是瀚海平江，和谐是峻岭叠嶂。人来人往，万千气象。和谐是人性的阳光，和谐是社会的理想。和谐给我们带来美的馨香，和谐让我们感受到美的滋养。

自然之美，在于天地万物的和谐，在于谨守着各自的运行轨迹。生存与死亡，寒夜与阳光，隽秀与奔放，仿佛都在这一道道轨迹中来来往往。那大自然生命气息中的原始与粗犷，便蕴含着造化神功的和谐之美，涵泳着大千世界的鬼斧天成。我放纵着自己那恍若流光的想象，扇动起那对放飞理想的翅膀。自己仿佛已站在高山之巅，俯瞰着目下的沧桑，环顾着眼前的荒凉，心中是无比的慷慨。老鹰从耳际划过，仿佛要奔向山的那一方。鼻翼不自觉地翕动，那是泥土的清香。我振奋起精神，理清了思想，那心中的火裹挟着气流的奔放，勃发着心底的热望。我要呼出那山，呼出那火，呼出那生命的高亢，呼出那大自然的和谐与安详。

人性之美，就是人间百态的和谐乐章，就是每个人心中的安乐天堂。繁华与荒凉，软弱与坚强，绝望与希望，仿佛都在这人间大戏中频频登场。每一个细微的动作，每一句暖人的言语，都无不印刻着最细腻的情感，无不藏匿着最敏感的神经。我的耳仿佛听得到每颗心的丝丝悸动，我的眼仿佛看得到你我的心房。自己就好像已穿梭于人群深处，潜行在大街小巷。听到的是暖人的问候一声声，看到的是灿烂的笑脸一张张。在危难中我可以看到一双双援助的手，心中期待着命运的转机，仿佛已经看到曙光就在前方。在奋斗中我感受到汗水折射着阳光，理想正在扬帆启航。人们的期许给我力量，仿佛就在为我的人生导引方向。就在这绝望与希望的寻常中，我看到了人性的和谐之美。人间恍若爱的和风，抚慰着我，入我梦乡。社会好比心的海洋，浸泡着我，伴我成长。

就在这自然与社会的交叉口，我看到了和谐的美好。和谐之声，就在耳畔鸣响；和谐之韵，就在梁间回荡；和谐之美，就在我们身旁。让我们不要忽视身边每一束和谐之花，不要放过身边每一缕和谐之光。在这充满和谐的世界上挥洒着激昂，在这洋溢着和谐的天地间恣肆地徜徉。

和谐之美——我的天堂！

1.4.2 品鉴

"和谐"的"和"者，和睦也，有和衷共济之意；"谐"者，相合也，有协调顺和之意。在吟诵的文章中，分别从自然之美和人性之美道出了和谐的本质。对于自然而言，和谐是瀚海平江，是峻岭叠嶂。自然和谐在于天地万物的和谐，在于谨守各自的运行轨迹。而人性之美，和谐是人性的阳光，和谐是社会的理想。人性之美，就是人间百态的和谐乐章，就是每个人心中的安乐天堂。

和谐是世界万物存在的根据和发展的动因，是中华民族传统文化的核心理念，是中国

特色社会主义的本质属性。作为社会主义核心价值观的重要组成部分，和谐的内涵可以从三个方面把握。就一般事物而言，和谐是事物存在的一种辩证关系的积极展现；就社会形态的特征而言，和谐是中国特色社会主义的本质属性；就人类历史的未来发展而言，和谐世界是人类共同的价值追求。实现社会和谐，实现中国特色社会主义对于我们青少年朋友来说，要主动投入到和谐校园的建设中来。

构建和谐校园，需要建立和谐的同学关系。帮助有困难的同学，让他们感受到和谐校园的温馨。要保持良好的心态，宽容待人，用一颗真诚的心去换一颗真诚的心。同学之间要友好相处，从而打造和谐学生的集体，打造和谐的人际关系，打造和谐的校园文化。让我们在和谐的教育氛围中愉快学习，在和谐的兴趣乐园中陶冶情操，在和谐的人际关系中健康成长。

构建和谐校园，需建立和谐的师生关系。老师给了我们文化的启迪，使我们从无知到有知，从幼稚走向成熟；老师给了我们知识的雨露，需要我们全身心地投入和积极地配合。珍惜老师的付出，尊重老师的劳动，师生互敬互爱，从而打造和谐校园学习气氛。

构建和谐校园，需建立诚实、文明的作风。同学之间相互信任。坦诚相待，说实话做实事，用真诚和实力给老师和父母一份满意的答案。

用我们的智慧和勇气，扬起理想的音符。当我们抛弃了迷茫，把握了航向，当我们共同努力，不懈地摇桨，和谐的校园乐章终将奏响，和谐的社会主义社会终会建成。

1.4.3 自省

和谐校园，是我们健康成长的摇篮，你参加过哪些和谐校园的活动呢？

1. 确定主题

参考的活动主题：

（1）"创文明和谐校园"手抄报活动。
（2）"创文明和谐校园"公益活动。
（3）"创和谐校园，争做文明学生"国旗下讲话活动。

我们的活动主题：

_____

_____

_____

2. 活动方案

如表 1-7 所示。

表 1-7　活动方案

活动主题				
班级		组长		指导老师
小组成员及分工				
活动时间及地点				
活动目标				
活动步骤				
活动准备				
注意事项				
预期成果				

3. **实施过程**

（1）　手抄报活动。

• 各小组商定活动主题后，小组成员按照分工分别完成收集素材、排版、编写、绘图等工作。

• 整理收集好的素材，开展小组讨论。设计手抄版版面，确定内容及配图。交流在各自工作中的想法，完成手抄报编制任务。

• 将手抄报贴在班级学习园地里与同学分享。

（2）公益活动。

- 各小组商定活动主题后，确定开展哪些校园公益活动。例如，打扫校园死角、禁火宣传、监督规范用餐等，并完成小组的合作分工。
- 整理活动记录，小组展开讨论交流，组内分享在活动过程中自我的感受与领悟。
- 将"公益活动记录"贴在班级学习园地里与同学分享。

公益活动记录

活动时间：＿＿＿＿＿＿＿＿＿＿＿＿　　活动地点：＿＿＿＿＿＿＿＿＿＿＿＿

活动内容：＿＿＿＿＿＿＿＿＿＿＿＿

活动记录：＿＿＿＿＿＿＿＿＿＿＿＿＿＿＿＿＿＿＿＿＿＿＿＿＿＿

＿＿＿＿＿＿＿＿＿＿＿＿＿＿＿＿＿＿＿＿＿＿＿＿＿＿＿＿＿＿＿＿＿＿＿＿

＿＿＿＿＿＿＿＿＿＿＿＿＿＿＿＿＿＿＿＿＿＿＿＿＿＿＿＿＿＿＿＿＿＿＿＿

我的总结：＿＿＿＿＿＿＿＿＿＿＿＿＿＿＿＿＿＿＿＿＿＿＿＿＿＿

＿＿＿＿＿＿＿＿＿＿＿＿＿＿＿＿＿＿＿＿＿＿＿＿＿＿＿＿＿＿＿＿＿＿＿＿

＿＿＿＿＿＿＿＿＿＿＿＿＿＿＿＿＿＿＿＿＿＿＿＿＿＿＿＿＿＿＿＿＿＿＿＿

相片：

（3）国旗下讲话。

- 小组成员按照分工分别完成收集讲稿材料、编写讲稿、演讲等工作。
- 整理收集好的素材，开展小组讨论交流，选出代表演练国旗下的讲话。
- 选出班里演讲最好的代表，推荐到校宣传队完成周一的国旗下讲话活动，宣传"如何建设和谐校园"。

4. 评价总结

如表 1-8 所示。

表 1-8　评价总结

活动环节	评价内容				
	热情参与	善于合作	富有创意	获得成果	享受快乐
确定主题					
活动方案					
收集记录					
分工合作					
展示交流					

1.4.4　求索

1. 聆听社会主义核心价值观组歌之一 ——《和谐歌》

歌曲 1-4　社会主义核心价值观组歌之一——《和谐歌》

和 谐 歌

作词：车　行
作曲：戚建波

蓝天多一些　白云多一些
我家的山水　就会美一些
笑容多一些　歌声多一些
我家的月亮　就会圆一些
汗水多一些　心血多一些
我家的宏图就会美一些
阳光多一些　鲜花多一些
我家的日子就会甜一些
蓝天多一些　白云多一些
笑容多一些　歌声多一些

2. 阅读社会主义核心价值观"和谐"图文篇

低碳生活是一种生活态度，也成为人们推进潮流的新方式。我们应该积极提倡并实践低碳生活，从这些点滴做起，共同构筑美丽中国梦。漫画《低碳生活》如图 1-21 所示。

吃饭不剩菜　　　　　　　　　　洗衣用晾晒

步行上下班　　　　　　　　　　使用环保袋

图 1-21　漫画《低碳生活》（作者：谢正军）

生态文明重在建设，难在坚持，需要汇聚每一个人的努力。把生态意识体现在从日常生活到发展建设的每一个环节，更加自觉地珍爱自然、保护环境，托起一个山明水秀、天朗气清的美丽中国。漫画《生态文明》如图 1-22 所示。

图 1-22　漫画《生态文明》（作者：赵乃育）

和谐社区是居民自治、管理有序、服务完善、治安良好、环境优美、文明祥和的社区，是和谐社会的缩影。生活在这样的社区里，居民会提高幸福感和归属感。漫画《和谐社区》如图 1-23 所示。

图 1-23　漫画《和谐社区》（作者：赵乃育）

尊老爱幼是中华民族的传统美德，新春佳节在我们的父母给晚辈发红包之时，别忘了也给他们双手"捧上"精心准备的红包，让他们实实在在感受到被关爱的温暖。漫画《尊老爱幼》如图 1-24 所示。

图 1-24　漫画《尊老爱幼》（作者：商海春）

第2章

社会层面：自由、平等、公正、法治

2.1 自由：海阔凭鱼跃，天高任鸟飞

2.1.1 吟诵

吟诵如下。

桃花源记

晋·陶渊明

晋太元中，武陵人捕鱼为业。缘溪行，忘路之远近。忽逢桃花林，夹岸数百步，中无杂树，芳草鲜美，落英缤纷。渔人甚异之，复前行，欲穷其林。

林尽水源，便得一山。山有小口，仿佛若有光。便舍船，从口入。初极狭，才通人。复行数十步，豁然开朗。土地平旷，屋舍俨然，有良田美池桑竹之属。阡陌交通，鸡犬相闻。其中往来种作，男女衣着，悉如外人。黄发垂髫，并怡然自乐。

见渔人，乃大惊。问所从来，具答之。便要还家，设酒杀鸡作食。村中闻有此人，咸来问讯。自云先世避秦时乱，率妻子邑人来此绝境，不复出焉，遂与外人间隔。问今是何

世，乃不知有汉，无论魏晋。此人一一为具言所闻，皆叹惋。余人各复延至其家，皆出酒食。停数日，辞去，此中人语云："不足为外人道也。"

既出，得其船，便扶向路，处处志之。及郡下，诣太守，说如此。太守即遣人随其往，寻向所志。遂迷，不复得路。

南阳刘子骥，高尚士也。闻之，欣然规往。未果，寻病终，后遂无问津者。

2.1.2 品鉴

《说文解字》中提到"自，鼻也，象鼻形"，本义为鼻子，又借以指称自己；在《尔雅》中提到"由，自也。""自由"可以理解为由自己作主，不受限制和拘束。

古今中外，人们对自由都有着强烈的渴望，无论是《桃花源记》中陶渊明对"土地平旷，屋舍俨然，有良田美池桑竹之属。阡陌交通，鸡犬相闻。其中往来种作，男女衣着，悉如外人。黄发垂髫，并怡然自乐"世外桃源似的安宁和乐、自由平等生活的向往，还是《自由颂》中裴多菲对"生命诚可贵，爱情价更高。若为自由故，二者皆可抛"自由的呐喊，无一例外体现出自由是人类发展的不懈追求。

1949年，帝国主义、封建主义、官僚资本主义被推翻，新中国的成立实现了中华民族的自由。1979年改革开放后，更多的自由能量得以释放，个人自由的空间和形式不断得到扩展和丰富。十八大以来，以习近平为总书记的党中央把中国社会百年以来的追求与理想凝练为"中国梦"，自由是"中国梦"的核心价值。百年中国梦就是中国实现民族自由、国家自由、个人自由的过程，就是中国实现政治自由、经济自由、社会自由的过程。人民物质生活得到改善，人人都充分享有发展自我、实现自我的机会，每个人都能人生出彩、梦想成真。

但是自由不是随心所欲，更不是放纵。辜鸿铭说，"真正的自由，并不意味着可以随心所欲，而是可以自由地做正确的事情。"卢梭说："人是生而自由的，但却无往不在枷锁之中。"自由是相对的，有条件的。绝对的自由从来就不存在，自由一定伴随着法律、道德、纪律、规则的约束而存在。

共享单车因方便人们出行备受欢迎，但是很多使用者因为随意停放，导致人行道、地铁站口、公共汽车站等公共空间交通时常堵塞。记者采访随意停放共享单车的使用者，多数人的回答是"我想停哪里就停哪里，这是我的自由！"殊不知这不是自由，而是一种极端的自我。如果一个人做了侵害别人自由与权益的事情，他就不再自由。因为别人也会有同样的行为，随心所欲地"自由"，最终损害的是自己的利益！

2.1.3 自省

通过上面的学习，同学们对自由有了初步的认识，也明白了自由是相对的、有条件的。绝对的自由从来就不存在，自由一定伴随着法律、道德、纪律、规则的约束而存在。

1. 确定主题

有的规则是针对群体的，如学生、餐厅服务员、银行职员；有的规则限定在某一地点，如电影院、地铁、公园。请与小组成员共同确定活动主题，然后与同学们分享你收集到的规则。

参考的活动主题：

（1）学生守则。
（2）地铁乘坐注意事项。
（3）游客游玩注意事项。

我们的活动主题：

_____
_____
_____

2. 活动方案

如表 2-1 所示。

表 2-1　活动方案

活动主题		
班级	组长	指导老师
小组成员及分工		
活动时间及地点		
活动目标		
活动步骤		
活动准备		
注意事项		
预期成果		

3. **实施过程**

（1） 填写"我的收集记录"。

我的收集记录

收 集 人： _____

收集时间： _____ 收集地点： _____

记录内容： _____

_____

_____

_____

我的结论： _____

_____

_____

_____

相片或截图：

（2） 整理资料，小组内分享收集的内容和过程。

（3） 推举一名代表汇报小组收集的规则。

4. **评价总结**

如表 2-2 所示。

表 2-2　评价总结

活动环节	评价内容				
	热情参与	善于合作	富有创意	获得成果	享受快乐
确定主题					
活动方案					
收集记录					
分工合作					
展示交流					

2.1.4　求索

1. 高唱社会主义核心价值观组歌之一 ——《自由歌》

歌曲 2-1　社会主义核心价值观组歌之一 ——《自由歌》

自 由 歌

作词：车　行
作曲：戚建波

竹节有筋骨
莲花有血肉
收割有镰刀
打锤有双手
原野上的草木有春也有秋
道路上的脚步人人有追求
草原上的骏马飞驰奔走
大海上的风帆跨越潮头
天空上的雄鹰展翅高飞
森林中的鸟儿亮开歌喉

思考歌词中的"道路上的脚步人人有追求"与自由有什么联系？

2. 观看视频《共享单车还能这样用？》《共享单车随意停放不应该》

视频 2-1 　《共享单车还能这样用》

视频 2-2 　《共享单车随意停放不应该》

小组成员拟定一份"共享单车停放秩序管理办法"。

共享单车停放秩序管理办法

_____

_____

_____

_____

_____

_____

2.2　平等：每个人都有平等的入学机会

2.2.1　吟诵

吟诵如下。

她们一小步，红瑶一大步

"我童年的记忆都是在女童班里。"到 1 500 多千米开外的成都创业的凤妹忠，一辈子都忘不了"武警红瑶女童班"的经历。她说："是部队官兵让我认字、认钱，有了知识，我才可以出一趟远门，找得到回家的路。"

出一趟远门，意味着她们的人生之路打开了一扇全新的大门。多年以后，凤妹忠的学妹代鲜花仍震惊于刚到县城见到的一幕："天哪，城里人居然在太阳底下还打着雨伞！"

和凤妹忠一样，1988 年一度因家境贫困而辍学的凤桂鲜，也成为第一批入学接受教育的红瑶女童。29 年过去了，从辍学的红瑶女童到中学一级教师，凤桂鲜的命运彻底改变了。

改变命运的是整整一代人，第一届女童班的凤秀娟 1999 年应征入伍，成为当地红瑶人历史上第一位女军人，并荣立个人三等功；第二届女童班的陈英花凭着诚信品质和拼搏精神，成为一名成功的商人，被称为瑶乡"女强人"；第二届女童班的兰春银，成了一名妇产科医生，在呵护每一位新生儿的诞生中找到了人生价值。

今天，置身白云乡，看着教室里朗朗读书的红瑶女童们稚气未脱的脸上满是笑容。谁能想到，20 世纪 90 年代，这里的女童入学率极低，红瑶女没有出过一个小学毕业生。

红瑶族，是生活在国家贫困县——广西融水苗族自治县白云乡的一个瑶族分支，因为身穿红色服装得名"红瑶"。这里群山环抱，石漠化严重，"女不读书"的陋习已深深印刻在红瑶人的传统观念里。

当年，到村寨送温暖的武警融水中队官兵看到红瑶女童背着高过头顶的背篓，光着脚丫走在地里、河边。路过村口学堂时放慢了脚步眼巴巴地向里边张望着，那渴望知识的眼神，深深地刺痛了官兵的心。

1988 年 9 月，在社会各界和武警融水中队官兵的共同努力下，红瑶人聚居的白云乡成立了"春蕾女童班"（后易名为"武警红瑶女童班"）。就这样，全国第一个免学杂费的寄宿制女童班开班了。

事实上，这也是中国第一个春蕾女童班。这个班成立的第二年。在全国妇联领导下，中国儿童少年基金会发起并组织实施了一项救助贫困地区失学儿童重返校园的社会公益项目——"春蕾计划"。此后，更多的"春蕾女童班"开始在全国贫困地区涌现。

多年以后，已成为红瑶族第一位女军人的凤秀娟由衷感慨："倘若没有到女童班读书，我的人生轨迹将是这样：七八岁放牛放羊，十三四岁织布，十六七岁嫁人⋯⋯从年少到年老，除了操持家务就是上山干活。"

尽管当时红瑶女童们并没有意识到自己迈向学堂的这一小步将彻底改变她们的人生命运，但她们真心渴望读书。她们无比珍惜上学的机会，以至于今天，很多人最美好的回忆仍然定格在女童班。

第一届红瑶女童班学生邓鲜艳，一边上学一边帮家里染布。有一次，染布的墨汁把手弄黑了，邓鲜艳连忙跑到河边去洗。眼看天都快黑了，手还洗不干净，邓鲜艳在河边哇哇地哭了。她说："因为学校老师每天都叮嘱我们保持卫生，我特别害怕手上黑了就不让读书了。"

有时候，读书会驱赶恐惧。邓鲜艳的同班同学中，不少人翻山越岭往返于家与学校之间。有时候天晚了，她们需要举着火把独自走五六十里的山路。"现在想来，学到的知识不就像当年帮我们照亮夜路的'火把'吗？"凤秀娟说。

有时候，读书会带来向往。第一次从武警叔叔背来的电视中看到新闻联播，凤秀娟激动极了。正是从电视里。她和同伴们第一次看到外面的世界。

相比于上一代红瑶女，凤秀娟她们是幸运的。她们对读书的渴望和热爱，因为有了党的政策、军队的扶持成为现实。

从此，古老村寨里传来了红瑶女童的朗朗读书声。一代红瑶女童跨出了人生中的崭新一步，一个民族翻开了历史上新的一页。

来源：节选自中华人民共和国国防部官网："见证武警红瑶女童班的那些孩子们"

2.2.2 品鉴

平等是人和人之间的一种关系、人对人的一种态度，是人类的终极理想之一。现代社会的进步，就是人和人之间从不平等走向平等过程，是平等逐渐实现的过程。我国教育法规政策规定男女享有平等的教育权利，但在生活中却不是在每一个地方都真正实现。在很多经济落后地区群众受重男轻女封建思想的影响，不同意家里女孩上学接受教育，导致男女教育机会不平等。

1988 年，当中国儿童少年基金会的考察组走进广西壮族自治区融水苗族自治县的白云乡这座神秘的大山之中发现，由于经济发展落后及重男轻女的陈旧观念，在新中国成立几十年来，生活在这里的几千名红瑶妇女中竟然没有一个小学毕业生。当年考察组看到的一组反映当地教育状况数据令人惊诧，融水苗族自治长拱洞乡有 3 个苗族村适龄女童 380 人，入学 37 人，入学率仅为 9.7%；白云、大浪、安陲、红水 4 个乡的瑶族适龄儿童共 658 人，入学 21 人，入学率仅为 3.2%。群众中重男轻女的思想严重影响了当地女童享受教育平等的权利。1989 年，在全国妇联领导下，中国儿童少年基金会发起并组织了一项救助贫困地区失学女童重返校园的社会公益项目——"春蕾计划"。20 多年来，"春蕾计划"已筹集资

金累计 8 亿多元善款。遍布全国 30 多个省区市，兴建 800 多所春蕾学校，资助 180 多万人次贫困女童重返校园，对 40 余万女童进行实用技能培训。2005 年，"春雷计划"被国家民政部授予首届"中华慈善奖"。

实现教育平等是解决贫困、解决发展不平衡的方法之一，也是党中央重视的社会问题。习近平总书记就加快职业教育发展指示："要牢牢把握服务发展、促进就业的办学方向，深化体制机制改革。创新各层次各类型职业教育模式，坚持产教融合、校企合作、坚持工学结合、知行合一。引导社会各界，特别是行业企业积极支持职业教育，努力建设中国特色职业教育体系。要加大对农村地区、民族地区、贫困地区职业教育支持力度，努力让每个人都有人生出彩的机会。"在"2015 减贫与发展高层论坛"的主旨演讲中提出："我们正在采取一系列措施，让贫困地区每一个孩子都能接受良好教育，让他们同其他孩子站在同一条起跑线上，向着美好生活奋力奔跑。"在看望北京市 8 个学校师生时的谈话中谈到："教育公平是社会公平的重要基础，要不断促进教育发展成果更多更公平惠及全体人民，以教育公平促进社会公平正义。"

为促进教育平等，加快发展中等职业教育，促进劳动者素质提高和减轻中等职业学校学生家庭经济负担，国家出台了一系列政策支持中等职业教育发展，如《中等职业学校免学费补助资金管理办法》和《关于中等职业学校农村家庭经济困难学生和涉农专业学生免学费工作的意见》等。中等职业院校学生享受免学费、国家助学金、奖学金等多种资助，学生通过安心读书、勤练技能，实现人生出彩不再是梦想！

2.2.3 自省

我们经常会提到"平等"这个词，但是不是所有人所有事情都能做到平等？

1. 确定主题

参考的活动主题：

（1）入职平等大调查。
（2）男女平等大调查。
（3）教育平等大调查。

我们的活动主题：

_____

_____

_____

2. 活动方案

如表 2-3 所示。

表 2-3　活动方案

活动主题		
班级	组长	指导老师
小组成员及分工		
活动时间及地点		
活动目标		
活动步骤		
活动准备		
注意事项		
预期成果		

3. 实施过程

（1）填写"我的收集记录"。

我的收集记录

收 集 人：＿＿＿＿＿＿＿＿＿＿＿＿

收集时间：＿＿＿＿＿＿＿＿＿＿   收集地点：＿＿＿＿＿＿＿＿＿＿

记录内容：＿＿＿＿＿＿＿＿＿＿＿＿＿＿＿＿＿＿＿

＿＿＿＿＿＿＿＿＿＿＿＿＿＿＿＿＿＿＿＿＿＿＿＿＿

＿＿＿＿＿＿＿＿＿＿＿＿＿＿＿＿＿＿＿＿＿＿＿＿＿

我的结论：＿＿＿＿＿＿＿＿＿＿＿＿＿＿＿＿＿＿＿

＿＿＿＿＿＿＿＿＿＿＿＿＿＿＿＿＿＿＿＿＿＿＿＿＿

＿＿＿＿＿＿＿＿＿＿＿＿＿＿＿＿＿＿＿＿＿＿＿＿＿

相片或截图：

（2） 小组内分享收集的内容和过程。

（3） 挑选一名代表汇报，与同学分享小组收集的关于平等话题的资料。

4. 评价总结

如表 2-4 所示。

表 2-4 评价总结

活动环节	评价内容				
	热情参与	善于合作	富有创意	获得成果	享受快乐
确定主题					
活动方案					
收集记录					
分工合作					
展示交流					

2.2.4 求索

1. 高唱社会主义核心价值观组歌之一 ——《平等歌》

歌曲 2-2　社会主义核心价值观组歌之一——《平等歌》

平 等 歌

作词：车　行
作曲：戚建波

互相理解互相尊重
我们把爱心放上天平
减少暴雨减少狂风
我们把风雨变成彩虹
把你当做我自己
把爱融入大家庭
没人生来低一等
大家都是主人翁

思考如何理解歌词中"没人生来低一等"？

2. 观看纪录片《出·路》

该片广告如图 2-1 所示。

图 2-1　纪录片《出·路》海报

　　该片历时 6 年跟踪拍摄了 3 位来自不同社会阶层的主人公，记录了不同地区的中国年轻人从学校步入社会的成长故事。来自北京的袁晗寒 17 岁辍学，3 年后她游历完欧洲各国，考上了心仪的艺术学校。2015 年回国实习，在北京注册了自己的艺术投资公司；湖北的徐佳，19 岁，是咸宁高中的高三复读生。他已经复读了 3 次，最后如愿考上了一个二本。毕业工作两年后，2015 年徐佳和相恋 4 年的女友决定结婚；来自甘肃的马百娟，12 岁，在野鹊沟小学上二年级，条件艰苦，梦想能去北京上大学。2012 年为了方便她上学，全家迁到宁夏。然而由于各种原因，她第二年就退学了。15 岁的马百娟独自来到陌生的城市打工，但因年龄和学历太低，屡屡碰壁。

　　思考如果马百娟能享受平等的教育继续读书，她的人生会怎样？

视频 2-3 视频《出·路》精简版

视频 2-4 《出·路》第 2 集

视频 2-5 《出·路》第 3 集

2.3　公正：一心可以兴邦，一心可以丧邦，只在公私之间尔

2.3.1　吟诵

吟诵如下。

为"公正"注解

实事求是，按法律办事，这是北京市人民检察院检察官方工衡量公正的标尺。

从事检察工作 38 个春秋，与数千名大大小小的犯罪分子打交道。方工时刻紧握这把尺子，不曾放松。也正因为如此，他负责审查起诉的 3 000 千余件刑事案件，没有一件冤假错案。

公正是一切法律的生命线，是检察官职责的永恒主题，更是党和人民对检察官的根本要求和期望。从踏上监察岗位的第一日起，方工就把这个道理刻进了自己心里，他常用英国哲学家培根的名言警示自己："犯罪虽是无视法律——好比污染了水流；而不公正的审判则毁坏了法律——好比污染了水源。一次不公正的审判，其恶果甚至超过 10 次犯罪。"

2001 年，北京市人民检察院对曾经轰动京城的"打闷棍"系列案进行审查起诉。在这一系列案件中，两名被告焦某和马某在 1999 年 8 月—2000 年 8 月期间，采用突然袭击的方式用棍棒等凶器击打被害人头部然后抢劫钱财。抢劫作案 149 起，造成 12 名事主死亡。

当时检察机关的起诉书长达 32 页，案件卷宗多达 29 本。在审批案件时，细心的方工发现有一起案件的起诉意见书上没有认定被告焦某持枪故意杀人的犯罪嫌疑。

经过核对，案件的承办人承认了自己的失误。但他又忍不住对方工说："焦某伙同他人抢劫作案 100 多起，少认定这一起案件对被告的判刑影响不大，还是一样达到了判处死刑的条件。"

听了这话，方工细细考虑了一番，还是坚持自己的意见，他说："虽然被告焦某罪行累累，多这一起少一起对量刑结果都没有什么影响，但是身为行使司法职能的检察人员，我们要对法律负责。维护司法公正，实事求是。有就是有，绝不能因为图方便而漏掉。一起案件对于被告来说可能只是他全部罪行的 1%，但对被害人和他的家属来说可就是 100%。如果不查清，就无法让被害人看到公正，所以一定要查清这起案件到底是否属实。"

恳切的言辞听得承办人连连点头，他赶紧联系了公安机关，补充了那一起遗漏案件的证据材料。查清了案情的事实，在被告焦某的犯罪事实上添上了最后持枪抢劫杀人一案。

这一个插曲没有被很多人知道，却维护了被害人的合法权益和法律的公正。

方工对自己的工作要求是不放过一个坏人，也绝不冤枉一个好人。既要天网恢恢、疏而不漏，又要让每个案子经得起法律和历史的检验。

坏人不能放过一个，好人更是不能被冤枉。1998年，北京市检察院接到一起故意杀人案。承办人在对案件进行审查的过程中，发现案子存在疑点，即法医的鉴定意见和犯罪嫌疑人所做的供述在犯罪细节上存在明显不同。

就在承办人犹疑不定的时候，方工得知了这个消息。他立即找来承办人一起对整个案件的案情和证据进行分析和研究，不放过任何细节和可能。

几个通宵达旦之后，方工得出的结论是现有的证据不足以证明案件里的死者是犯罪嫌疑人所杀，本案存在其他可能性。在他的主张下，案子被退回到公安机关，按照新的方向重新进行侦查。

令人庆幸的是，真正的杀人凶手很快被抓获归案了。无辜的人也被解开枷锁，重获自由。

"堂堂正正做人，清清白白做官。扎扎实实办事，公公正正执法。" 38年来，方工正是用他的实际行动诠释了这个座右铭，以一名优秀检察官的职业道德和操守，展现了检察人员的"清正廉洁、公正执法"的高大形象，为新时期公正司法、和谐社会的建设添砖加瓦，注入力量。

来源：《公正 法治（彩图版）/成长新航标：社会主义核心价值观少年读本》，
浙江出版联合集团浙江少年儿童出版社，书号为 978-7-5597-0363-7

2.3.2 品鉴

什么是公正？公正就是公平正直，没有偏私。社会公正是人类的永恒追求，公民个人希望在接受教育、谋取职位、提拔晋升、解决争执、享受公共服务等方面享受到公平公正的对待。司法公正对社会具有重要引领作用，司法不公对社会公正具有致命的破坏作用。"公生明，偏生暗。"公正会带来光明，偏私会使人存有暗心。

古往今来，无数公正无私的"包青天"被人称颂。这是人们对公平正义的强烈渴求，也是对公正精神孜孜不倦的追求。北京市人民检察院检察官方工不冤枉一个好人，也不放过一个坏人。公正执法，一身正气匡扶正义，努力让人民群众在每一个司法案件中感受到公平正义，他的工作作风也是对公正最好的诠释。

公正不仅是司法问题，更是一个价值观问题。青少年处于价值观形成的重要阶段，更应该对公正有一个全面、深刻的理解，牢固树立公正意识。从我做起，从身边做起，维护社会公平公正。懂得尊重人的基本权利，公正地对待他人和自己，做一个有正义感的人。遵守社会秩序，勇敢指出不公正的社会行为，弘扬正气的同时依法维护自己的合法权益。

2.3.3 自省

阅读《效率与公平》这则故事，然后查找相关延伸阅读资料，在班级中开展一场辩论赛。

效率与公平

山脚下有两个村庄，一个叫"效率村"，一个叫"公平村"。山里发现了金子，村里的人就去挖金子。效率村实行的是效率至上的原则，多劳多得，不劳不得；公平村实施的是"公平"原则，即平均分配。不管挖的金子的总数量多少，最后大家平均分配，这就是所谓的绝对公平。

1. 确定辩论赛主题

参考的辩论赛主题：

（1）效率一定牺牲公平。
（2）效率不一定牺牲公平。

我们是 __正/反__ 方：

_____

_____

2. 活动方案

如表 2-5 所示。

表 2-5　活动方案

活动主题				
班级		组长		指导老师
小组成员及分工				
活动时间及地点				
活动目标				
活动步骤				
活动准备				
注意事项				
预期成果				

3. 实施过程

（1） 填写"我的收集记录"。

我的收集记录

收 集 人： _____

收集时间： _____   收集地点： _____

记录内容： _____

_____

_____

我的结论： _____

_____

_____

相片或截图：

（2） 整理资料，小组内分享收集的内容和过程。

（3） 小组内选出一辩、二辩、三辩、四辩。

（4） 小组间展开辩论。

- 开篇立论：正反双方陈述立场观点，时间 2 分钟，正方先开始。

- 攻辩：正反方二、三辩各有且必须有一次作为攻方，辩方由攻方任意指定。攻辩双方必须单独完成本轮攻辩，不得中途更替。攻方提问时间各 1 分钟，辩方回答时间各 2 分钟，正方先开始。

- 自由辩论：正反双方自动轮流发言，也可放弃发言。每次发言时间限定不超过 30 秒，总共 10 分钟，反方先开始。

- 总结陈词：辩论双方应针对辩论会整体态势进行总结，时间 2 分钟，反方先开始。

4. 评价总结

如表 2-6 所示。

表 2-6　评价总结

活动环节	评价内容				
	热情参与	善于合作	富有创意	获得成果	享受快乐
确定主题					
活动方案					
收集记录					
分工合作					
展示交流					

2.3.4　求索

1. 聆听社会主义核心价值观组歌之一 ——《公正歌》

歌曲 2-3　社会主义核心价值观组歌之一——《公正歌》

公 正 歌

作词：车　行
作曲：戚建波

人相亲呀　心相通　讲公道呀　求大同
童叟无欺皆平等　一碗清水要端平
无私念呀　立品行　身影正呀　自从容
人心是尺量天下
一颗公心放正中

2. 阅读 100 多年前非常经典的"马粪官司"

马粪官司

这个案子发生在美国，1869 年 4 月 6 号，案中原告请了两个帮工到马路上捡马粪。晚上 6 点钟开始干活，干到晚上 8 点两个小时。这两个帮工在马路上堆了 18 堆的马粪，马粪可是宝贝，堆起来以后太多拿不动，两个帮工就回去找车去了。

这 18 堆马粪也没有做任何标志，第二天早上案中的被告看见了这 18 堆马粪，就问巡逻的人这马粪有没有主人？有没有让别人把这马粪给搬走？巡逻的人说，"不知道这马粪是谁的，也没有让人去搬走。"

被告听了以后认为这马粪没有主人也没有标志，就把马粪搬回自己的田里去了。

到了中午，昨天的那两个帮工带着车过来看见马粪没有了。一问之下，才知道原来是被告拿走了。双方发生争执，最后告到法庭上。

与同学们讨论马粪究竟应该判给谁？

2.4 法治：小智治事，中智治人，大智立法

2.4.1 吟诵

吟诵如下。

廷尉罚金

有一次，汉文帝外出路过中渭桥。车驾正在过桥时，忽然有一个人从桥下跑出来，致使拉銮驾的马受惊。汉文帝恼怒，命令侍从把这个人捉住，交给最高司法机关廷尉衙门处理。当时任廷尉之职的张释之马上对这个人进行讯问，这人辩解道："我是本地人，刚到桥边，听到禁止通行的开道声。躲闪不及，只好藏在桥下。停了老半天，以为皇上已经过去了，便走了出来，不料正撞见銮驾。我脑子一懵，撒腿就跑，没想到惊了銮驾。"据此，张释之依照当时的法律进行了判决。然后向文帝汇报说："这人违反清道律令，应该对他处以罚金。"文帝听了大怒道："这人惊了我的马，多亏我的马性情温和。如果是其他的马，还不把我摔伤呀？而你居然只判处他罚金！"张释之答道："法律是天下共有的呀，天子和天下臣民要共同遵守。今天如果要重判，就会失信于天下。如果当时皇上令人当场把这个人打死，也就算了。现在既然交给廷尉衙

门，这里是天下的公平所在呀。如果有失轻重，天下皆为效仿，天下百姓就会无所适从啊！请陛下明察！"过了好大一会文帝才说："廷尉你做得对。"

2.4.2 品鉴

法治是治国理政的基本方式，依法治国是社会主义民主政治的基本要求，是实现自由平等、公平正义的制度保障。法治是社会主义核心价值观之一，是国家的一种治理状态、一种方式。在这种治理形态之下，公权力受到约束，人民权利得到保障。

作为社会主义核心价值观之一的法治，体现的是一种社会主义法治精神。所谓的法治精神一是国家有法律，而且这个法律本身是良法；二是国家机构、所有官员、人民群众拥有一个共识，即宪法和法律具有最高权威，它们是处理一切事务、纠纷的最终依据。这种权威不因领导人的改变而改变，也不因领导人看法和注意力的改变而改变。

我们国家的法律法规很多，体系很庞大。宪法是国家的根本大法，是我国一切法律、法规的母法。其他法律、法规是宪法的子法。子法如与母法的内容相违背，子法则无效。除了宪法之外，我国还有刑法、婚姻法、继承法、收养法、未成年人保护法、民事诉讼法、税法、产品质量法、食品卫生法、环境保护法、劳动法、安全法、治安管理处罚法等。

对于青少年来说，法律不是高高在上的，而是与我们的生活息息相关的。它告诉我们什么可以做，什么不可以做。法律是最低的道德，遵守法律才有提升道德的可能，一个遵守法律的人一定是一个起码践行了最低道德的人。如果一个人不遵守法律，就跨越到了违反最低道德的一面，也就是一个没有基本道德的人。法治精神的一个重要方面就是要守法，要敬畏法律，不敬畏法律的人的道德素质也不会高。习近平总书记指出："青年的价值取向决定了未来整个社会的价值取向，而青年又处在价值观形成和确立的时期，抓好这一时期的价值观养成十分重要。"青年学生正处在世界观、价值观发展的时期，在这个时期培养起法治精神，对提升自身的道德修养意义重大，将奠定一生发展的根基。

青年是最富有朝气、最富有梦想的群体，是实现中华民族伟大复兴的中国梦的生力军。假如一个社会中的青年，不相信规则而相信潜规则，不信仰法律而信仰权力，甚至为追逐利益而不惜以法律为垫脚石，很难想象我们会开创出一个真正现代意义上的法治社会和法治国家。青年学生要有"功成不必在我，责任舍我其谁"的气度和魄力，弘扬法治精神。为建设中国特色社会主义法治体系，建设社会主义法治国家，实现中华民族伟大复兴的中国梦做出应有的贡献。

2.4.3 自省

1. 确定主题

我国的法律有很多，请从中选出一个最贴近同学的主题。

参考的活动主题：

（1）未成年人保护法知多少。
（2）劳动合同法知多少。
（3）治安管理处罚法知多少。

我们的活动主题：

_____

_____

_____

2. 活动方案

如表 2-6 所示。

表 2-6　活动方案

活动主题		
班级	组长	指导老师
小组成员及分工		
活动时间及地点		
活动目标		
活动步骤		
活动准备		
注意事项		
预期成果		

3. **实施过程**

（1） 填写"我的收集记录"。

我的收集记录

收 集 人：_____

收集时间：_____   收集地点：_____

记录法律内容：_____

_____

_____

转化为知识问答：_____

_____

_____

相片或截图：

（2） 整理资料，小组内互相分享收集的内容和过程。

（3） 挑选一名代表汇报小组收集的关于法律的资料及小组的看法。

（4） 将小组收集的法律内容转化为知识问答题，每个组准备 20 题。小组间相互考一考，看看哪个小组的正确率最高。

（5） 如果对其中一条法律条文有疑问，则一同讨论。

4. **评价总结**

如表 2-7 所示。

表 2-7　评价总结

活动环节	评价内容				
	热情参与	善于合作	富有创意	获得成果	享受快乐
确定主题					
活动方案					
收集记录					
分工合作					
展示交流					

2.4.4 求索

1. 聆听社会主义核心价值观组歌之一 ——《法治歌》

歌曲 2-4　社会主义核心价值观组歌之一——《法治歌》

法 治 歌

作词：车　行
作曲：戚建波

阿姨告诉我法是斑马线
老师告诉我法是高压线
游戏讲规则呀天地讲方圆呀
法治讲依法治国大于天
法治是好人是好人护身符
法治是坏人是坏人铁栅栏
点赞真善美删除假丑恶
遵纪守法
国泰民也安

229

思考你知道的规则有哪些？

2. 观看视频《今日说法》——《迷失的孩子》

视频 2-6　《迷失的孩子（上）》

视频 2-7　《迷失的孩子（下）》

附：《中华人民共和国刑法》第十七条。

第十七条　已满十六周岁的人犯罪，应当负刑事责任。

已满十四周岁不满十六周岁的人，犯故意杀人、故意伤害致人重伤或者死亡、强奸、抢劫、贩卖毒品、放火、爆炸、投毒罪的，应当负刑事责任。

已满十四周岁不满十八周岁的人犯罪，应当从轻或者减轻处罚。因不满十六周岁不予刑事处罚的，责令他的家长或者监护人加以管教。在必要的时候，也可以由政府收容教养。

思考结合《中华人民共和国刑法》第十七条，其中的涉案人员会得到哪些处罚？

第 3 章

○个人层面：爱国、敬业、诚信、友善

3.1 爱国：少年强则国强

3.1.1 吟诵

吟诵如下。

少年中国说（节选）

梁启超

　　故今日之责任，不在他人，而全在我少年。少年智则国智，少年富则国富；少年强则国强，少年独立则国独立；少年自由则国自由，少年进步则国进步；少年胜于欧洲，则国胜于欧洲；少年雄于地球，则国雄于地球。红日初升，其道大光。河出伏流，一泻汪洋。潜龙腾渊，鳞爪飞扬。乳虎啸谷，百兽震惶。鹰隼（sǔn）试翼，风尘翕（xī）张。奇花初胎，矞（yù）矞皇皇。干将发硎（xíng），有作其芒。天戴其苍，地履其黄。纵有千古，横有八荒。前途似海，来日方长。美哉我少年中国，与天不老！壮哉我中国少年，与国无疆！

3.1.2　品鉴

　　梁启超先生在戊戌变法失败后的 1900 年写下了《少年中国说》。100 年后的今天，人们再次读到这部作品时，依然能被激起满腔热血。每一个历史时期，人们都用不同方式表达着对国家的热爱，有些是文字，有些是行为。改革开放 40 年来，"中国速度"震惊世界，身为中国人，无不为之骄傲。中国的发展形式和世界其他任何一个国家都不同，中国特色社会主义发展道路，需要更多的尝试，更多的创新，更多的技术力量去支持。当代中职生作为未来的一线力量，将肩负这份使命。

　　爱国，是热爱这个国家的人民，是竭尽所能为地这个国家的发展做出贡献，是遵纪守法维护社会稳定，是热爱生活积极向上的生活态度，是对未来充满信心和希望的信念。国是家，校是家，班是家。出生在中国最高速发展时期的一代人，当代青少年目睹着国家日新月异的变化；同时伴随这种变化快速成长，无疑是幸运的。从"中国制造"到"中国速度"，全世界都在为之惊叹，中国正在受到全世界的关注。

　　飞速的发展也正推动着中国由百年前的少年中国说，迈向青年中国说，这是骄傲。强化专业学习，掌握一流的职业技能为社会主义事业而奋斗，不是一句空话。管理好自己的学业，掌握好一门技术。树立正确的人生观价值观，在社会需要的地方积极努力地贡献自己的一份力量，是每位中职生应该具备的社会意识。不久的将来，你们将背负各自的使命奔赴社会的各个地方，为基层建设做出自己的 一份贡献，如同阳光一般洒向大地的各个角落。成长一定是会发生改 变的，刚步入社会，新的轨迹还未建立起来前许多人心中会一片迷 茫。这很正常，但是信念不能动摇。如果一名中职生能带着一份爱 国的情怀投入到当下的学习，以及将来的社会建设中，必然会促进社 会的进步，形成良好的社会风气，未来的你们将是这个国家的顶梁柱。

3.1.3　自省

1. 确定主题

你眼中的爱国到底是什么？让我们举办一次爱国主题演讲班会，讲述一个人和一段故事，告诉大家什么是爱国。

参考的活动主题：

（1）我眼中的爱国英雄。
（2）少年该这样爱国。
（3）我能为您做些什么，我的祖国？

我们的活动主题：

_____

_____

_____

2. 活动方案

如表 3-1 所示。

表 3-1　活动方案

活动主题		
班级	组长	指导老师
小组成员及分工		
活动时间及地点		
活动目标		
活动步骤		
活动准备		
注意事项		
预期成果		

3. 实施过程

（1）填写"我的收集记录"。

我的收集记录

收集对象：＿＿＿＿＿＿＿＿＿＿

收集时间：＿＿＿＿＿＿＿＿＿＿   收集地点：＿＿＿＿＿＿＿＿＿＿

记录内容：＿＿＿＿＿＿＿＿＿＿＿＿＿＿＿＿＿＿＿

＿＿＿＿＿＿＿＿＿＿＿＿＿＿＿＿＿＿＿＿＿＿＿＿＿

＿＿＿＿＿＿＿＿＿＿＿＿＿＿＿＿＿＿＿＿＿＿＿＿＿

我的结论：＿＿＿＿＿＿＿＿＿＿＿＿＿＿＿＿＿＿＿

＿＿＿＿＿＿＿＿＿＿＿＿＿＿＿＿＿＿＿＿＿＿＿＿＿

＿＿＿＿＿＿＿＿＿＿＿＿＿＿＿＿＿＿＿＿＿＿＿＿＿

相片：

（2） 整理资料，小组讨论选出最典型的爱国的人物及实例。

（3） 汇总资料，形成演讲稿，用最生动的语言说出这位爱国人物的感人故事。

4. 评价总结

如表 3-2 所示。

表 3-2　评价总结

活动环节	评价内容				
	热情参与	善于合作	富有创意	获得成果	享受快乐
确定主题					
活动方案					
收集记录					
分工合作					
展示交流					

3.1.4 求索

1. 聆听社会主义核心价值观组歌之一 ——《爱国歌》

歌曲 3-1 社会主义核心价值观组歌之一——《爱国歌》

爱 国 歌

作词：朴世永
作曲：金元均

你是牡丹我是你的花瓣
你是阳光我是你的春蚕
你是农夫我是你的种子
你是母亲我是你的少年
你是江河我是你的清泉
你是史册我是你的书签
你是大地我是你的山峦
你是希望我是你的明天

2. 聆听歌曲《少年中国说》

歌曲 3-2　《少年中国说》

少年中国说

作词：梁启超
作曲：许　嵩

红日初升　其道大光
河出伏流　一泻汪洋
潜龙腾渊　鳞爪飞扬
乳虎啸谷　百兽震惶
少年自有少年狂
身似山河挺脊梁
敢将日月再丈量
今朝唯我少年郎
敢问天地试锋芒
披荆斩棘谁能挡
世人笑我　我自强
不负年少
少年智则国智
少年富则国富
少年强则国强
少年自由则国自由

思考你会想到哪个少年英雄？请查找一句他的名言。

3. 观看视频《我们一起走过》

该纪录片共 18 集，其中展现了 107 个典型的改革故事，采访了 183 位改革的亲历者、参与者、见证者。透过港珠澳大桥、北京大兴新机场、广东自贸区前海蛇口片区、蓄势待发的雄安新区，记录了各行各业那些普普通通的人的故事。人们从事平凡的工作，见证了改革开放带给祖国的巨大变革。

视频 3-1　第一集《弄潮儿向涛头立》、第二集《在希望的田野上》

视频 3-2　第三集《打开国门搞建设》、第四集《到世界市场的大海中去》

237

视频 3-3　第五集《血，总是热的》、第六集《爱拼才会赢》

视频 3-4　第七集《我们的生活充满阳光》、第八集《知识改变命运》

视频 3-5　第九集《集中力量办大事》、第十集《一枝一叶总关情》

视频 3-6　第十一集《百花齐放春满园》、第十二集《一个都不能少》

视频 3-7　第十三集《芝麻开花节节高》、第十四集《绿水青山就是金山银山》

视频 3-8　第十五集《强军战歌最嘹亮》、第十六集《我的中国心》

视频 3-9　第十七集《万山磅礴看主峰》、第十八集《幸福是奋斗出来的》

思考中国这些让世界为之瞩目的大工程中，最令你震撼和骄傲的是哪一个？为什么？

3.2 敬业：敬业即是责任心

3.2.1 吟诵

吟诵如下。

敬业与乐业（节选）

梁启超

　　怎样才能把一种劳作做到圆满呢？唯一的秘诀就是忠实，忠实从心理上发出来的便是敬。《庄子》记佝偻丈人承蜩的故事，说道："虽天地之大，万物之多，而唯吾蜩翼之知。"凡做一件事，便把这件事作为我的生命。无论别的什么好处，到底不肯牺牲我现做的事来和它交换。我信得过我当木匠的做成一张好桌子，和你们当政治家的建设成一个共和国家同一价值；我信得过我当挑粪的把马桶收拾得干净，和你们当军人的打胜一支压境的敌军同一价值。大家同是替社会做事，你不必羡慕我，我不必羡慕你。怕的是我这件事做得不妥当，便对不起这一天里头所吃的饭。所以我做这事的时候，丝毫不肯分心到事外。曾文正说："坐这山，望那山，一事无成。"我从前看见一位法国学者著的书，比较英法两国国民性质，他说："到英国人公事房里头，只看见他们埋头执笔做他们的事；到法国人公事房里头，只看见他们衔着烟卷像在那里出神。英国人走路，眼注望，像用全副精神注在走路上；法国人走路，总是东张西望，像不把走路当一回事。"这些话比较得是否确切，姑且不论，但很可以为敬业两个字下注脚。若果如他所说，英国人便是敬，法国人便是不敬。一个人对于自己的职业不敬，从学理方面说，便衰

渎职业之神圣；从事实方面说，一定把事情做糟了，结果自己害自己。所以敬业主义，于人生最为必要，又于人生最为有利。庄子说："用志不分，乃凝于神。"孔子说："素其位而行，不愿乎其外。"所说的敬业，不外这些道理。

我生平最受用的有两句话一是"责任心"，二是"趣味"。我自己常常力求这两句话之实现与调和，又常常把这两句话向我的朋友强聒不舍。今天所讲，敬业即是责任心，乐业即是趣味。我深信人类合理的生活应该如此，我望诸君和我一同受用！

3.2.2 品鉴

上述文章是梁启超先生为上海中华职业学校学生做的一次演讲。上海中华职业学校是中国近代史上以试验、总结、推广职业教育而著称的一所中等专业学校，该校以黄炎培提出的"敬业乐群"为校训。提倡"手脑并用"和"双手万能"，注重理论联系实际，重视生产劳动实践和职业道德培训，强调教育与社会联系。作者认为"敬业乐业"四个字是人类生活的不二法门，可见应有的职业态度对我们以后所从事的工作多么重要。

中职学校的学生一旦进入学校就有明确的专业，我们与职业的关系要比普通中学学生密切得多，深刻得多。职业的属性会经常让我们思考，并表现在自己的言行中。因此加强对学生爱岗敬业教育不仅是文化上教育，更重要是道德上教育。学生最终是否成才，要看其对职业的认识及努力的程度。中职学校的学生缺乏生活和学习的主动性、积极性，因而在思想上提高就业的观念尤为重要。

什么是敬业？就是凡做一件事，便忠于一件事。全副精力集中到这件事上，一点不懈怠。很多同学认为"我学习的技能这么基础，工作又如此普通，有什么可敬的呢？"其实，只要是工作都可敬，都要专心致志地做好，无论是当总统或者当民工都可敬。德国人是很敬业的，无论做什么都会专心致志，带着钻研的精神去对待。例如，为什么贝多芬失聪时还会谱出那么好的乐曲？就是因为他有敬业这种精神。一个更容易理解的例子是为什么有些东西到了德国加工后就变得更加精致，质量变得更好？就是因为德国人做事做到了敬业这一点。俗话说"做什么就要像什么"，其实就是敬业。

下面来谈谈乐业，至于乐的概念，一句话"知之者不如好之者，好之者不如乐之者"已经足以诠释了。如果我们达不到乐业，那么生活就会变得很单调。如果有人说，我的职业没有可乐的地方，那么只能说明这是一个很单调的人。因为所有的职业都会有可乐的地方，只不过不容易被发现，而且很多人又不知如何乐业。举一个简单的例子，齐达内是法国足球艺术大师。他有如此高的成就，既不是他的家庭带来的，也不是他的先天条件比其他运动员好，原因是他把足球作为自己的乐趣所在。一位伟人曾经说过，兴趣是一半的天才。所以不管条件多么艰苦，齐达内总是乐在其中，陶醉在足球世界里，最终成为天才的足球运动员。可见乐业能改变人的命运，成就人的梦想。

人的一生十分短暂，有的人把时间虚度了，有的人却过得很充实。这都是因为前者无业而后者有业所造成的。虽然我们现在学习很苦。但比起那些无业的人不是幸福很多吗？毕竟我们是有学业的人。只有善待并尊敬自己的这份事业，才能做出成绩，实现自身的价值，真正做到无愧于心。

3.2.3 自省

只有爱岗敬业的人才会在自己的工作岗位上勤勤恳恳，不断地钻研学习。才有可能为社会为国家做出崇高而伟大的奉献，我们就是爱岗敬业的新时代技能达人。

1. 确定主题

参考的活动主题：	我们的活动主题：
（1）专业知识考考你。 （2）最强实操达人是谁？ （3）综合技能大比拼。	

2. 活动方案

如表 3-3 所示。

表 3-3　活动方案

活动主题		
班级	组长	指导老师
小组成员及分工		
活动时间及地点		
活动目标		
活动步骤		
活动准备		
注意事项		
预期成果		

3. 实施过程

（1） 确定竞赛内容、方法和评判标准。

竞赛分初赛和决赛，初赛参照最新国家职业标准初级工要求进行；决赛参照最新国家职业标准中级工的要求。

（2） 成绩计算。

- 竞赛预赛的理论知识考核试卷满分为 100 分，前 12 名的选手进入决赛。
- 决赛根据选手的操作过程、作品评分，总分为 100 分，取 4 位评委打出的平均分作为选手的个人最终成绩。

（3） 奖项设立。

选手最终名次按照个人最终成绩由高到底排列，一等奖占决赛人数 30%；二等奖占 30%；三等奖占 40%，各名次人数视最终参赛人数而定。

4. 评价总结

如表 3-4 所示。

表 3-4　评价总结

活动环节	评价内容				
	热情参与	善于合作	富有创意	获得成果	享受快乐
确定主题					
活动方案					
收集记录					
分工合作					
展示交流					

3.2.4　求索

1. 聆听社会主义核心价值观组歌之一 ——《敬业歌》

歌曲 3-3　社会主义核心价值观组歌之一——《敬业歌》

敬 业 歌

作词：车　行
作曲：李　昕

螺丝钉有螺丝钉的风采
无明星有无明星的光彩
我是千斤坠你是栋梁材
爱岗敬业各有各的舞台
大事小事分不开
好好工作幸福来
干一行呀爱一行
行行都能出人才

2. 观看视频

在平凡的岗位上，一些人们正从事着不平凡的工作。正是因为他们的默默奉献，才有了中国这些震惊世界的超级工程。

《超级工程》是央视纪录频道 2012 年重点项目，分别关注中国各领域正在建设的重大工程。片中展现了中国重大工程项目，其中第一季讲述的是港珠澳大桥、上海中心大厦、北京地铁网络、海上巨型风机和超级 LNG 船。该片将更多的镜头对准了参与《超级工程》建设的普通人，真实记录了他们的智慧、生活、情感和梦想。

视频 3-10　港珠澳大桥

上海中心大厦如图 3-1 所示。

图 3-1　上海中心大厦

思考敬业包含职业道德吗？平凡的人参与到不平凡的工程里，视频中哪位人物事迹感动了你？

3.3　诚信：一诺千金

3.3.1　吟诵

吟诵如下。

《史记·季布栾布列传》之"得黄金百斤，不如得季布一诺"（节选）

楚人曹丘生，辩士，数招权顾金钱。事贵人赵同等，与窦长君善。季布闻之，寄书谏窦长君曰："吾闻曹丘生非长者，勿与通。"及曹丘生归，欲得书请季布。窦长君曰："季将军不说足下，足下无往。"固请书，遂行。使人先发书，季布果大怒，待曹丘。曹丘至，即揖季布曰："楚人谚曰'得黄金百，不如得季布一诺'，足下何以得此声于梁楚间哉？且仆楚人，足下亦楚人也。仆游扬足下之名于天下，顾不重邪？何足下距仆之深也！"季布乃大说，引入。留数月，为上客，厚送之。季布名所以益闻者，曹丘扬之也。

3.3.2 品鉴

秦末有个叫季布的人，一向说话算数。信誉非常高，许多人都同他建立起了浓厚的友情。当时甚至流传着这样的谚语："得黄金百斤。不如得季布一诺。"（这就是成语"一诺千金"的由来）后来，他得罪了汉高祖刘邦，被悬赏捉拿。结果他的旧日朋友不仅不被重金所惑，而且冒着灭九族的危险来保护他，才使他免遭祸殃。一个人诚实有信，自然得道多助，能获得人们的尊重和友谊。

"诚者，天之道也；思诚者，人之道也。"诚信，同样也是社会主义核心价值观的重要构成，关系一个人的生活、学习、工作。如果一个人失去了诚信，将在社会上没有立足之地。

"失足，你可以马上恢复站立；失信，也许你永难挽回。"这是富兰克林说过的一句话。想必同学们都读过这样一个故事，一个孩子在山上放羊，一群大人则在山下耕地。孩子觉得无聊了，就大喊："狼来了！"把周围的大人都引了过来，他们拿着锄头问："狼在哪？"孩子说这是骗人的。大人们愤愤离去，第二次又是如此。等到狼真来的时候，孩子大喊："狼来了！救命啊！"已经没有人理他了，因为人们都明白他是在骗人，结果羊群和孩子被狼吞进了肚子。

现代世界在物质和精神方面都取得了巨大进步，特别是物质的极大丰富是古代世界完全不能想象的。但同时现代人也面临着许多突出的难题，伦理道德每况愈下和社会诚信不断消减就是其中之一，目前的个人信用的评价体系包括中国人民银行征信系统、芝麻信用征信系统等。芝麻信用征信系统通过云计算、机器学习等技术客观呈现个人的信用状况，已经在信用卡、消费金融、融资租赁、酒店、租房、出行、婚恋、分类信息、学生服务、公共事业服务等上百个场景为用户、商户提供信用服务。信用评估直接以分值的形式呈现，直观地为生活提供便利。也就是说，随着社会的发展诚实守信直接影响到我们的个人利益并渗透到生活的方方面面。

中职学生正在一天天走向社会，诚信的观念更应当一天天加强。不管是现在在学校生活还是今后踏入社会，都应该以实际行动，从我做起。"守信""守诺""诚信待人"，这是一个人有责任心的体现，更是我们今后立足社会、创造财富的无形资本。我们应当时常用诚信的尺子来丈量自我，坚持以诚信的言行对待他人，毕竟只有自我的"以诚待人"才能收获别人的"以诚相报"。

3.3.3 自省

诚信社会，诚信无处不在。随着法律意识和道德素质的提高，更多的人维护和发展这些正能量的东西，仔细观察你会发现诚信无处不在。

1. 确定主题

参考的活动主题：

（1）诚信学习。
（2）诚信做人。
（3）诚信交往。

我们的活动主题：

_____

_____

_____

2. 活动方案

如表 3-5 所示。

表 3-5　活动方案

活动主题		
班级	组长	指导老师
小组成员及分工		
活动时间及地点		
活动目标		
活动步骤		
活动准备		
注意事项		
预期成果		

3. 实施过程

（1） 填写"我的观察记录"。

我的观察记录

观察对象： _____

收集时间： _____ 观察地点： _____

记录内容： _____

_____

_____

我的结论： _____

_____

_____

相片：

（2） 整理资料，小组讨论选出讲诚信的人及最能展示其风采的案例。

（3） 将小组讨论结果用图文并茂的形式展示。

4. 评价总结

如表 3-6 所示。

表 3-6　评价总结

活动环节	评价内容				
	热情参与	善于合作	富有创意	获得成果	享受快乐
确定主题					
活动方案					
收集记录					
分工合作					
展示交流					

3.3.4 求索

1. 聆听社会主义核心价值观组歌之一——《诚信歌》

歌曲 3-4   社会主义核心价值观组歌之一——《诚信歌》

诚 信 歌

作词：车　行
作曲：李　昕

言必行行必果
一诺千金不打折
诚为根信为本
说话算话好品德
言必行行必果
一诺千金不打折
诚为根信为本
说话算话好品德
说了就要做
不做不要说
承诺要比泰山重
一撇一捺写人格

思考讲诚信给人们带来的好处。

2. 观看视频

见利首思义，做人诚为先。"诚"即诚实诚恳，主要指真诚的内在道德品质，即"内诚于心"；"信"即信用、信任，主要指"内诚"的外化，即"外信于人"。"诚"且"信"

就形成了一个内外兼备，具有丰富内涵的词汇。其基本含义是指诚实无欺，讲求信用。千百年来，诚信被中华民族视为自身的行为规范和道德修养，形成了其独具特色并具有丰富内涵的诚信观，这样的诚信观在当今的市场经济和构建社会主义核心价值体系中具有极其重要的道德作用。

央视"3·15"系列晚会中揭露的令人触目惊心、令人发指的食品安全事件、制假贩假等不法行为触犯了这个社会的道德底线，警醒世人诚信的底线在何处。

央视网经济频道的 2018 年"3·15"晚会的宣传画如图 3-2 所示。

图 3-2 央视网经济频道的 2018 年"3·15"晚会的宣传画

本次晚会曝光了以下方面的不诚信行为。

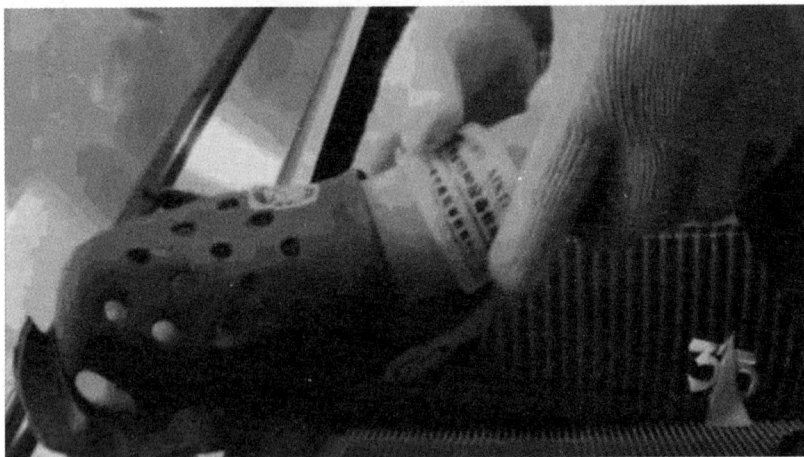

视频 3-11 儿童鞋

视频 3-12　工艺品抽奖

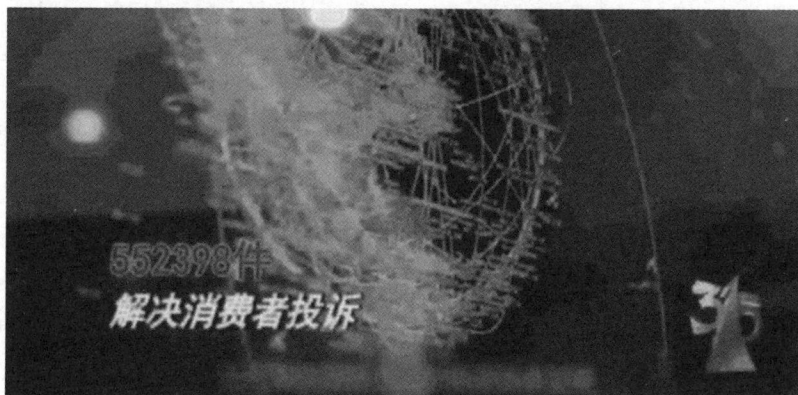

视频 3-13　理财

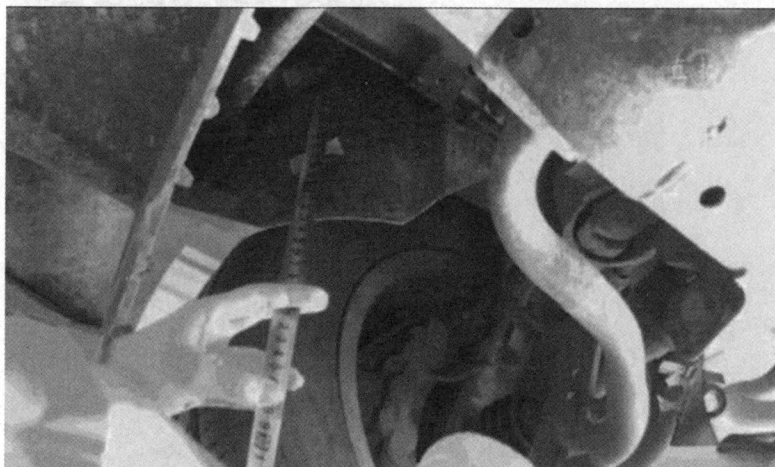

视频 3-14　汽车

视频 3-15　人造蛋

视频 3-16　食物相克

视频 3-17　刷单

视频 3-18　水果

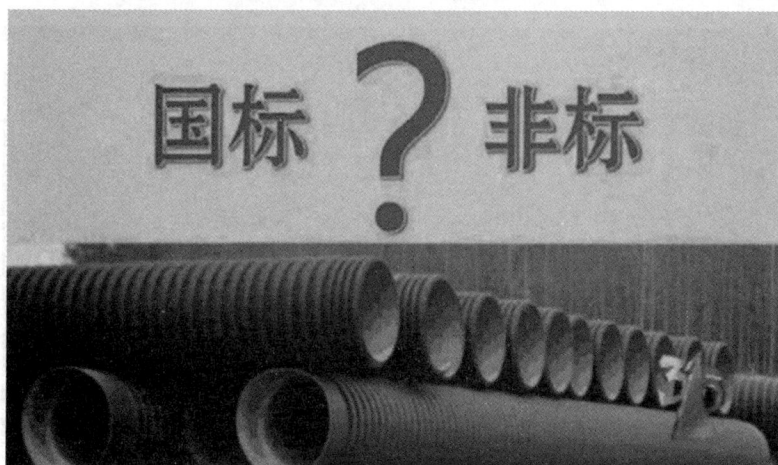

视频 3-19　塑料

视频 3-20　涂料

视频 3-21　牙刷

视频 3-22　药品

视频 3-23　饮料

3.4 友善：包容忍让，友善待人

3.4.1 吟诵

吟诵如下。

六尺巷的故事

《清史稿·张英传》

张英，清康熙时的大学士，礼部尚书。他为人和善，对人有所举荐，不求被人知晓与回报。总督阿山打算加征钱粮耗银供皇帝南巡，江宁知府陈鹏年持议不可。阿山素怨陈鹏年，想借此加罪于他，康熙随从及侍卫人员也多对陈鹏年有谩诽之语。等张英入见，康熙问江南有哪些人是廉吏？张英首先推举陈鹏年。陈鹏年因此得以免罪，并受到康熙重用，成为名臣。

《桐城县志》记载了张英与"六尺巷"的故事。张英世居桐城，其家府与吴氏相邻。吴氏曾越界建房，两家发生争执。家人修书一封，向张英报告。张英在信后附上一首诗寄回："一纸书来只为墙，让他三尺又何妨？长城万里今犹在，不见当年秦始皇。"家人接到书信后，退让三尺。吴氏受了感动，也退让三尺，于是在两家之间就出现了一条"六尺巷"。

张英学识渊博，为人友善，对其家人有很大影响。《清史稿》载："自英后，以科第世其家，四世皆为讲官。"大名鼎鼎的张廷玉即为张英的次子。父子两代皆为"大学士"，官及相位，德高望重，这与其为人有很大关系。

3.4.2 品鉴

社会主义核心价值观在个人层面的第四个价值准则是友善，"友善"这个词应该拆分成两个部分来看。其中"友"是友好，表现友好，这是行为要求，是表面现象；"善"是善良，心怀善意，这是心理要求、是内心态度。如果只强调表层的友好而不顾内心真情实感，就容易沦为伪善；如果只强调内部的善心而不谈如何外化于行，就容易产生隔阂误解，所以"出于善意的友好"才是"友善"这个词对于人际关系的完整诠释。

所谓善意待人或者友善，应该是友爱与善良，像给予同学与朋友之间的友爱之情一样。

对每一个与你相遇的人用友爱去感化，时时刻刻怀抱着一颗善良的心，善解人意，善待他人。所有付出会原封不动，甚至加倍地反馈于自己。这时我们的学习、生活就会非常和谐，也会因你的真诚友善而收获同学的友情和老师的信任。

习近平总书记十分重视立德的问题，关于为什么立德，总书记讲："国无德不兴，人无德不立。"立个什么德？总书记讲："核心价值观其实就是一种德，既是个人的德，也是一种大德，就是国家的德、社会的德。"该怎样立德？总书记讲："要从自己做起，从身边做起，从小事做起。一点一滴积累，养成好思想、好品德"。这需要每个人源自内心的付出，用感恩的情怀对待自己和他人，用平和友善的心态处理事情。这样才能创造出一个友善的外围环境，利于他人，自己也从中受益。

友善是社会的润滑剂，能够让人如沐春风，能够让人与人之间的关系和睦，能够减少很多摩擦和不必要的麻烦。有助于社会团结，有助于社会进步。在当今充满浮躁和追求金钱与利益至上的社会氛围之中，善意待人是人与人之间达到轻松、愉快交往的法宝。赠人玫瑰，手有余香。为别人栽下一棵树，不仅仅只是给他人提供了一处荫凉，自己也能够在其下尽情享受遮风蔽雨的待遇。因此我们都需要继承中华民族与人为善的优良传统，对人友善。做到和睦相处，团结共事，一起为了社会和国家更好的未来而努力。

3.4.3 自省

一个友善的举动会让人感到温暖和感动，所谓"只要人人都献出一点爱，世界将变成美好的人间"。

1. 确定主题

参考的活动主题：	我们的活动主题：
（1）您礼让，我点赞。 （2）陌生人的拥抱。 （3）致友善的你，一段话。	＿＿＿＿＿＿＿＿＿＿ ＿＿＿＿＿＿＿＿＿＿ ＿＿＿＿＿＿＿＿＿＿

2. 活动方案

如表 3-7 所示。

表 3-7　活动方案

活动主题		
班级	组长	指导老师
小组成员及分工		
活动时间及地点		
活动目标		
活动步骤		
活动准备		
注意事项		
预期成果		

3.　实施过程

（1）填写"我的收集记录"。

我的收集记录

收 集 人：＿＿＿＿＿＿＿＿＿＿＿＿

收集时间：＿＿＿＿＿＿＿＿＿＿　　　收集地点：＿＿＿＿＿＿＿＿＿＿

记录内容：＿＿＿＿＿＿＿＿＿＿＿＿＿＿＿＿＿＿＿＿

＿＿＿＿＿＿＿＿＿＿＿＿＿＿＿＿＿＿＿＿＿＿＿＿＿＿＿＿

＿＿＿＿＿＿＿＿＿＿＿＿＿＿＿＿＿＿＿＿＿＿＿＿＿＿＿＿

我的结论：＿＿＿＿＿＿＿＿＿＿＿＿＿＿＿＿＿＿＿＿

＿＿＿＿＿＿＿＿＿＿＿＿＿＿＿＿＿＿＿＿＿＿＿＿＿＿＿＿

＿＿＿＿＿＿＿＿＿＿＿＿＿＿＿＿＿＿＿＿＿＿＿＿＿＿＿＿

相片或截图：

（2） 整理资料，小组讨论选出最美的人。

（3） 成果展示，在班级 QQ 群上将主题中收集到的信息及相片与同学分享。

4. 评价总结

如表 3-8 所示。

表 3-8　评价总结

活动环节	评价内容				
	热情参与	善于合作	富有创意	获得成果	享受快乐
确定主题					
活动方案					
收集记录					
分工合作					
展示交流					

3.4.4 求索

1. 聆听社会主义核心价值观组歌之一 ——《友善歌》

歌曲 3-4 社会主义核心价值观组歌之一 ——《友善歌》

友 善 歌

作词：车　行

作曲：戚建波

友善是阳光给人温暖

友善是鲜花给人香甜

友善是甘泉给人滋润

友善是笑容给人春天

友善是雨中的伞

友善是雪中的炭

友善就是做好人呀

一代一代往下传

2. 观看视频

《感动中国》是中央电视台综合频道打造的一个精神品牌栏目，由新闻中心社会专题部活动直播组承办。每年元宵节前后推出，已经连续举办多年。通过多种投票方式选取年度震撼人心、令人感动的人物和团队，主持人自开播以来由白岩松、敬一丹担任。

《感动中国》节目向全国观众推出了许多人物，其中有徐本禹、高耀洁、田世国、丛飞、王顺友等来自民间的杰出人士，有成龙、濮存昕、刘翔、姚明等光彩耀人的明星，也有季羡林、钟南山、袁隆平、桂希恩、黄伯云这样的睿智学者，更有张荣锁、魏青刚、洪战辉、黄久生、王锋这样的普通百姓，还有郑培民、梁雨润、牛玉儒、杨业功、刘金国、刘跃进这样的党政高官。每个人物身上都有一种让观众感到心灵震撼的精神力量，《感动中国》被媒体誉为"中国人的年度精神史诗"。

视频 3-24　《感动中国》2018 年度人物颁奖盛典